人《ひと》をあるく

中澤克昭

真田氏三代と信濃・大坂の合戦

吉川弘文館

『真田氏三代と信濃・大坂の合戦』

◆目次

真田信綱像
高野山蓮華定院蔵

藩主居館　上田高校

真田氏館跡から砥石城跡を望む

大坂夏の陣図屏風に描かれた真田隊
大阪城天守閣蔵

高野山蓮華定院

岩櫃城跡

メディアミックスヒーロー

真田氏の人気とメディア

一九八五年の新大型時代劇『真田太平記』*は、天下人や大名と渡り合って戦国を生きぬいた真田一族を描いた傑作で、私も毎週夢中になった。丹波哲郎の迫真の演技によって私のなかに確固たる真田《さなだ》昌幸《まさゆき》像が形成されてしまったし、草刈正雄演じる幸村《ゆきむら》の爽やかで、どこか愁いをおびた表情も忘れられない。二〇一六年の大河ドラマ『真田丸』で、その草刈が昌幸を演じたのは、何とも心憎いキャスティングであった。三〇年をへてふたたび真田氏の物語がドラマ化されたのには、世代を超えた人気が作用しているのだろうが、二一世紀の幸村人気の盛り上がりは、若い世代によるところが大きい。

起爆剤はゲームであった。二〇〇四年に発売された『戦国無双』*は主人公の一人が幸村で、ボディコンシャスな深紅の鎧姿で十文字の槍を振るう長身・美麗な武人のイメージはここに現れる。さらに翌年発売された『戦国BASARA』*でも主役格のキャラクターに幸村が設定されており、人気は爆発する。このシリーズは大ヒットし、戦国武将ブームと称される現象の火付け役となった。ゲーム攻略本や台本集のような関連書籍はもちろん、テレビや劇場版のアニメ、実写ドラマも製作され、

* 新大型時代劇『真田太平記』 一九八五年から一九八六年にNHKで放送された連続テレビドラマ。全四五話。原作は池波正太郎の同名小説。

* 『戦国無双』 コーエーより発売されたアクションゲーム。第一作は二〇〇四年二月発売。

* 『戦国BASARA』 カプコンから発売されているアクションゲーム。第一作は二〇〇五年七月発売。

宝塚歌劇などの舞台、漫画・小説、フィギュアをはじめとするグッズ、パチスロにいたるまで、さまざまなメディアで楽しまれている。とくに若い女性の間でブームになり、真田氏ゆかりの地を訪れる女性観光客が増えていると報道されたことは記憶に新しい。幸村は、メディアミックス*の典型というべきヒーローである。

　戦国武将を理想化して憧れる若者が増えたとすれば、それは日本の社会が保守化（あるいは右傾化）していることと深いところで連動した現象かもしれない。理想化には必ずしも史実が必要とされない。二〇世紀の小説や人形劇*・ドラマにしても、二一世紀のゲームにしても、近代以前から楽しまれていた真田氏の物語が下敷きである。幸村配下の忍者「真田十勇士*」のキャラクターが確立したのは、明治末から大正初期にかけて人気を博した立川文庫《たちかわぶんこ》*によってであった。「真田十勇士」の称も、立川文庫の一冊『猿飛《さるとび》佐助《さすけ》』*が大好評で、その総集編のタイトルとして使われたのが始まりらしい。真田氏の人気については、この立川文庫から説かれることも多いが、人気は江戸時代からのことで、立川文庫もそれ以前から親しまれていた真田物をさらにふくらませたに過ぎないと言えよう。

江戸のメディアミックス

　大坂の陣における真田左衛門佐《さえもんのすけ》（信繁《のぶしげ》）の活躍は、当時の大名や公家が残した記録・文書にも特筆されている。戦死したはずの真田が生きているという噂も早くからあったらしい。討ちとられたのは影武者で、真田は大坂落城のさいに密かに抜け出した秀頼《ひでより》に従って薩摩《さつま》（鹿児島県）へ落ち延びたと

＊ **メディアミックス**　ある娯楽作品が一定の経済効果を持った時、その作品の副次的作品を何種類ものメディアで多数製作することによりファンサービスと商品販売を促進する手法。

＊ **人形劇**　一九七五年四月から一九七七年三月までNHKで放送された人形劇『真田十勇士』。全四四五話。原作は柴田錬三郎の小説。

＊ **真田十勇士**　猿飛佐助、霧隠才蔵、三好清海入道、三好伊三入道、穴山小介、海野六郎、筧十蔵、根津甚八、望月六郎、由利鎌之助の一〇人。幸村の息子大助を入れる場合もある。

＊ **立川文庫**　明治四十四年（一九一一）から一九二〇年代前半まで、大阪の立川文明堂から刊行された小型講談本。

いった説も流布していた。奥州平泉で殺害されたはずの源義経《みなもとのよしつね》が実は生存していて、蝦夷《えぞ》（北海道）へ逃走した、といった物語と同じ構造で、庶民の「判官《はんがん》びいき」＊の一類型である。滅亡した豊臣家への追憶や、徳川家に支配された世の中の窮屈さも母胎となっていたのであろう。

なお、信繁は「幸村」の名で広く知られているものの、現在のところ生前の確実な史料で「幸村」の名が使われているものは見当たらない。「幸村」の名は、寛文十二年（一六七二）成立の軍記物語『難波戦記《なんばせんき》』＊が初見とみられているが、なぜ「幸村」とされたのかもわからない。

近世によく学ばれた軍学（兵法）の流派は、武田信玄を崇拝する甲州流軍学であったが、信玄同様、家康を苦しめた真田氏の戦い方も学ばれた。学問である軍学と物語である軍記との境界線はあいまいなところがあり、相互に影響し合ったと考えられる。元禄以降に成立した『真田三代記』＊は、昌幸・幸村・大助《だいすけ》の三代が徳川を相手に奮闘する軍記物語で、さまざまな戦法が具体的に記述されており、後世の真田物に大きな影響を与えた。穴山《あなやま》・海野《うんの》・由利《ゆり》・根津《ねづ》・三好《みよし》など、のちにつくりだされる「真田十勇士」の原型となるキャラクターも姿をあらわす。

江戸時代の中頃からは舞台化も始まった。大坂の陣を題材にした人形浄瑠璃《じょうるり》＊「大坂軍記物」の代表作に、明和六年（一七六九）、大坂の竹本座《たけもとざ》で初演の「近江源《おうみげん》氏先陣館《じせんじんやかた》」がある。実名での上演が禁じられていたため、大坂冬の陣を鎌倉時代

＊『猿飛佐助』　立川文庫第四〇編。大正三年（一九一四）刊行。猿飛佐助は、『西遊記』の孫悟空をもとに創出された架空の人物だが、大人気を博した。

＊判官びいき　判官（検非違使の第三等官「尉」の別称で「ほうがん」とも）であった源義経を悲劇の英雄として同情・愛惜するところから、不遇な者・弱い者に同情し、肩を持つこと。

＊『難波戦記』　『難波軍記』とも。京都所司代板倉家の門客であった万年頼方と下野国壬生藩士の二階堂行憲が共同で執筆した軍記物語。

＊『真田三代記』　著者未詳。幸村父子が秀頼を奉じて薩摩へ落ち、再起を図るまでを描く軍記物語。多数の刊本・写本が伝来しており、よく読まれていたことがわかる。

の近江源氏の戦いに置き換えて脚色した時代物で、北条時政《ほうじょうときまさ》（徳川家康）と源頼家《よりいえ》（豊臣秀頼）の確執に、佐々木盛綱《もりつな》・高綱《たかつな》兄弟（真田信幸・幸村）を絡ませた。翌明和七年には中山与三郎座で歌舞伎化される。なかでも、高綱（幸村）の贋首《にせくび》で兄盛綱（信之）が苦悩する八段目「盛綱陣屋」の一幕（略称「近八」）は、最も感動的な場面として繰り返し上演された。天明元年（一七八一）三月、江戸の肥前座《ひぜんざ》初演の「鎌倉三代記」は、「近江源氏先陣館」の続編である。文化四年（一八〇七）に大坂の大《おお》西芝居《にしのしばい》初演の「八陣守護城《はちじんしゅごのほんじょう》」も、「八陣」は軍師「正木雪総《せっそう》」＝幸村が八陣の計を敷く軍略家ぶりが題材で、これも歌舞伎化され、人気を博した。

俳諧《はいかい》・川柳でも幸村の軍略家ぶりが詠まれている。たとえば、明和二年（一七六五）から天保十一年（一八四〇）まで刊行された『誹風柳多留《はいふうやなぎだる》』には、「半分ハのこす智略の十二文」など、真田家の家紋が六連銭《れんせん》で幸村が智将であったことをふまえて詠まれた川柳がみえる。安永七年（一七七八）の『川柳評万句合勝句刷《せんりゅうひょうまんくあわせかちくすり》』にも、「かうや（高野）から六道《ろくどう》せん（銭）をとりよせる」、天明三年（一七八三）から同六年に刊行された『やない筥《ばこ》』にも「影武者を銭の数程出して見せ」といった川柳がみえ、六連銭は幸村の代名詞のようになっていた。

錦絵（浮世絵）の時代物のなかでも真田物は人気の高い題材のひとつで、幕末から盛んに版行されている。たとえば、歌川国芳《うたがわくによし》門下の落合芳幾《おちあいよしいく》*が描いた『太平記英勇傳　花田左衛門尉《さえもんのじょう》滋野雪村』は、真田が「花田」、幸村が「雪村」とされてい

---

* **人形浄瑠璃**　三味線と浄瑠璃に合わせて、人形をあやつって演じさせる芝居。一七世紀末頃に竹本義太夫が近松門左衛門と組んで、義太夫節を完成。竹本・豊竹の二座対立時代をへて、文楽座に継承された。

* **落合芳幾**　江戸末期から明治の浮世絵師。歌川国芳の門に入り、同門の月岡芳年とともに描いた『英名二十八衆句』の残酷絵シリーズが好評を博した。

歌川芳虎『大坂平野合戦真田幸村地雷をもって関東の大軍を破る』

るが、明治を迎えると、仮名とする必要も無くなり、家康を追い詰める幸村のイメージがいっそうふくらむ。明治元年（一八六八）刊の月岡芳年《つきおかよしとし》*『魁題百撰相《かいだいひゃくせんそう》』には「滋野左エ門佐幸村」「滋野大助」が入っていたし、同五年刊の『一魁随筆《いっかいずいひつ》』にも「真田左エ門尉幸村」、明治六年には『大坂軍記　真田幸村』が描かれた。そのほか、明治十一年の長谷川貞信《はせがわさだのぶ》*『日本略史図　真田左エ門幸村・徳川家康公』、同十七年の尾《お》形月耕《がたげっこう》*『幸村蘆叢へ忍ぶ図』など、枚挙に暇がない。なかでも傑作なのが、明治二十五年刊の歌川芳虎《うたがわよしとら》*『大坂平野合戦真田幸村地雷をもって関東の大軍を破る』である。幸村が地雷で徳川の軍勢を吹き飛ばしたという荒唐無稽な話は、すでに『真田三代記』に見えており、その人気場面を描いたものだった。

---

* **月岡芳年**　江戸末期から明治の浮世絵師。歌川国芳の門に入る。幕末から明治初年にかけて歴史画、維新後は新聞の挿絵など、時事報道でも活躍した。

* **長谷川貞信**　江戸後期から明治の浮世絵師。大坂出身。上田公長・貞升に学ぶ。美人画・役者絵なども描いたが、風景画で知られる。

* **尾形月耕**　明治から大正の日本画家。独学で絵をまなび人力車の蒔絵や輸出用七宝焼の下絵をかく。明治二十年頃には新聞・雑誌の挿絵・口絵なども描いた。

* **歌川芳虎**　江戸後期から明治の浮世絵師。歌川国芳の門人。武者絵や役者大首絵を得意としたほか、横浜絵や開化絵なども描く。

真田氏の実像を求めて

軍記・軍学・浄瑠璃・歌舞伎・川柳・錦絵など、幸村に代表される真田氏の人々は、江戸時代からメディアミックスで楽しまれていたのであり、その人気は高かった。戦国時代の真田氏に関する史料は必ずしも多くない。ところが、後世に創出された物語はたいへん豊富なのである。このことは、過去の痕跡=史料に基づいて史実を描き出そうとする本書にとって手強い敵となる。なぜなら、物語は現実を創出する力を持っているからである。イメージがふくらみ理想化が進むと、物語のバリエーションがつぎつぎに生まれるだけでなく、そのイメージや物語に適合的なモノや場が創り出される。あちこちで真田氏ゆかりの物品や文書がつくられ、ゆかりの地とその由緒がつくられた。昌幸や幸村とは関係のなかったモノや場が、彼らに関連付けられたのである。

たとえば、上田城本丸跡入口脇の石垣に組み込まれている「真田石」は、元和八年（一六二二）、真田信之《のぶゆき》が松代《まつしろ》へ移るさい、父昌幸の形見として持って行こうとしたが動かなかったのであきらめたと伝えられている。しかし、昌幸が構築した上田城は慶長五（一六〇〇）の第二次上田合戦（関ヶ原の戦い）後、破却された。城郭は、目立つ部分から破壊されることが一般的だったから、本丸入口は徹底的に破壊されたに違いない。現在の本丸は、信之の後に入封《にゅうほう》した仙石秀久《せんごくひでひさ》の息子忠政《ただまさ》によって寛永三年（一六二六）から復興されたものである。この巨岩も、仙石氏が鏡石《かがみいし》*として据えたものなのだが、それは今、「真田石」と称されている。

* **鏡石**　表面が鏡のように平らな巨岩で、石垣の目立つところに積まれている場合が多い。城主の権威の象徴、神の依り代、陰陽五行思想に基づく城域守護などの意味があった。

上田城跡の真田石

このようにわかりやすいモノだけではない。江戸時代には、古文書や古記録を批判的に解読する考証学もある程度は発達したが、やはり物語の力は大きい。「幸村」の名は、江戸幕府が編纂した大系図集『寛政重修諸家譜《かんせいちょうしゅうしょかふ》』*にも採録された。幕府の公式記録にまで物語の影響が及んでいる。信之の子孫が藩主を務めた松代藩の正史というべき『真田家御事蹟稿《さなだけごじせきこう》』*は、実証的な編纂方針をとり、文書の真偽も検証しているが、確実な史料がない出来事については、『上田軍記』などの軍記物語を引用した。

戦国時代の真田氏の実像を知るためには、こうした後世に創り出された手強い敵をかき分けて、同時代の痕跡にアプローチしなければならない。最新の研究成果もできる限り取り入れて、真田氏三代と彼らの本拠の実像を追い求めてみよう。

*『寛政重修諸家譜』　江戸幕府が編集した武家系図集。寛政元年（一七九九）編集に着手し、寛政年間までに大名・旗本から提出させた家譜に基づき内容を整え文化九年（一八一二）完成。

*『真田家御事蹟稿』　松代藩八代藩主の真田幸貫が、真田幸隆以下、信綱・昌幸・信之・信繁（幸村）ら、初期真田氏の事蹟を後世に伝えようと、家老河原綱徳に編纂を命じ、天保十四年（一八四三）に完成。刊本は『新編信濃史料叢書』。

真田氏人物相関図

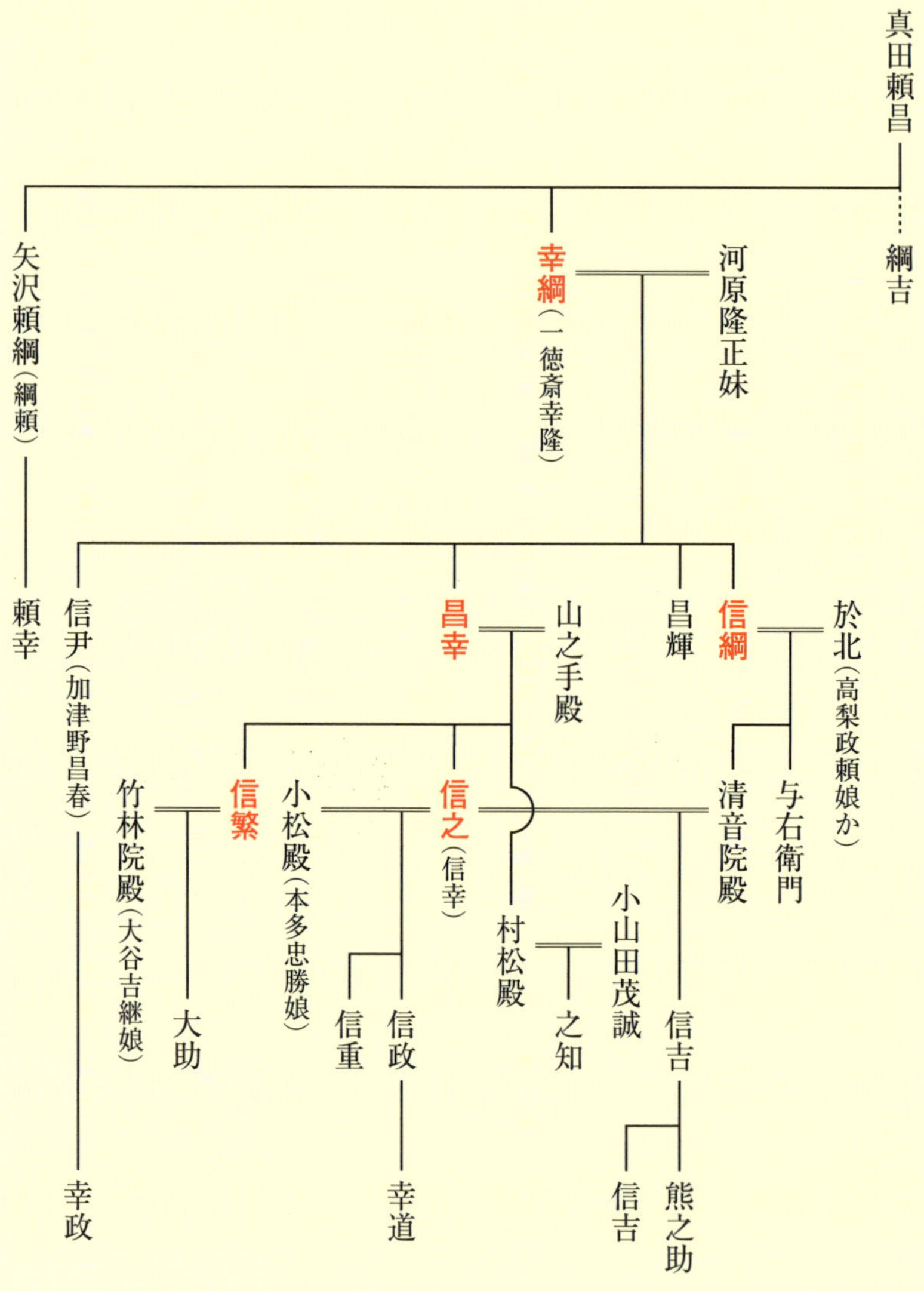
真田頼昌
綱吉
河原隆正妹
幸綱（一徳斎幸隆）
矢沢頼綱（綱頼）
頼幸
於北（高梨政頼娘か）
信綱
昌輝
山之手殿
昌幸
信尹（加津野昌春）
与右衛門
清音院殿
信之（信幸）
小松殿（本多忠勝娘）
信繁
竹林院殿（大谷吉継娘）
小山田茂誠
村松殿
之知
信吉
熊之助
信吉
信政
信重
幸道
大助
幸政

I

真田氏の履歴書

「幸綱」「信綱」の名がみえる
四阿山奥宮社殿扉
山家神社所蔵

一 真田氏の本籍地

真田氏と聖地

応永七年（一四〇〇）、信濃国の守護となった小笠原長秀《おがさわらながひで》*が現地に入って支配を徹底しようとしたところ、それに反発した北信・東信*の武士たちは一揆《いっき》*を結んで対抗し、ついには武力衝突となった。大塔合戦《おおとうがっせん》*である。この合戦の様子を語る『大塔物語』*によれば、一揆に参加した祢津遠光《ねつとおみつ》*が率いていたのは「桜井・別符・小田中・横尾《よこお》・曲尾《まがりお》・実田《さなだ》」といった東信の地侍《じざむらい》であった。現在も上田市真田町内に地名としてのこる「横尾・曲尾」とならんで記載されていることから、「実田」は上田市真田町の字「真田」付近を名字の地とした地侍だったことは確実である。真田一族の歴史は、まずこの真田の地がどのような場所だったのか、それを確認しなければわからない。

そもそも、「真田」という地名の由来は何だろうか。有力な説は、「さ」は「狭い」の意で「狭田」、あるいは、「さな」は「さね」すなわち種実の転呼で種をまく田の意とする。どちらの場合も神田の称として用いられた。たとえば、『日本書紀』*神代の上に「即ち其の稲種《いなたね》を以て始めて天《あめ》の狭田《さなだ》及び長田《ながた》に殖《う》う」とみえる。これは高天原《たかまがはら》*において神稲を植えた「天の狭田」で、同じく『日本書紀』神代の下

---

*小笠原長秀　（一三六六〜一四二四）応永六年（一三九九）、三代将軍足利義満から信濃守護職に任命され、同七年、信濃に入るが、村上満信らの国人一揆と戦い大敗。京都に逃げかえり、信濃守護職を解任された。

*北信・東信　信濃国の北部を「北信」、東部を「東信」と称する。

*一揆　共通の利害に対して一致団結して行動すること。「揆《はかりごと》を一《いつ》にする」の意。百姓に限らない。

*大塔合戦　劣勢となった小笠原方の軍勢が、大塔（長野市篠ノ井）の古要害（城跡）に楯籠もり、多数の死傷者を出したことから、「大塔合戦」と称される。

*『大塔物語』　大塔合戦の顛末を語る軍記物語。同合戦の直後から語られていた合戦の様子を、善光寺に関係のある僧侶がまとめたものとみられる。

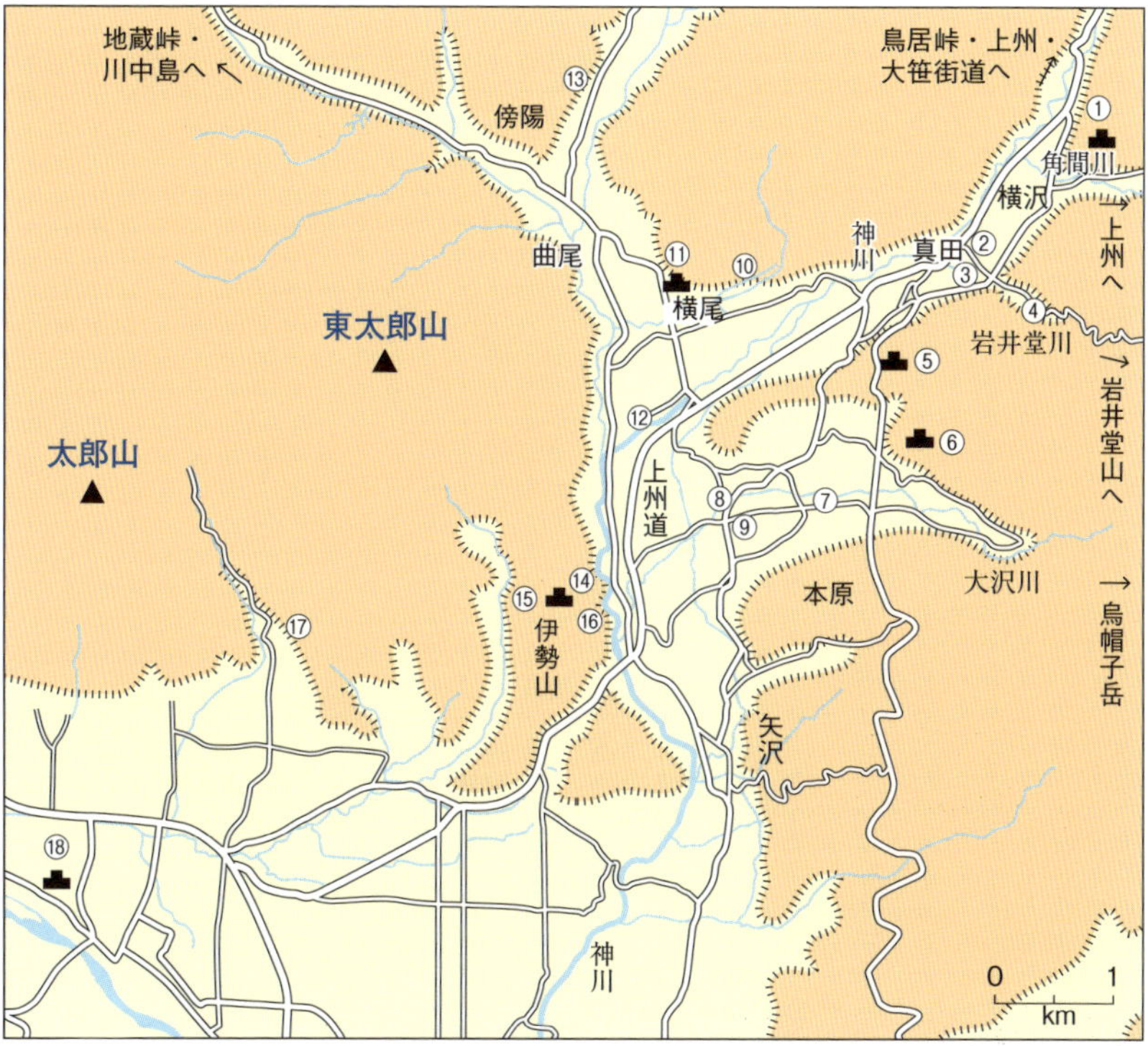

真田氏の本拠地　作成＝中澤克昭

①松尾古城跡／②山家神社（白山寺跡）／③「山家」の館跡推定地／④長谷寺／⑤真田山城／⑥天白城跡／⑦本原の「御屋敷」（真田氏館跡）／⑧中原の延命地蔵尊／⑨広山寺／⑩信綱寺／⑪横尾城（尾引城）跡／⑫「四日市」／⑬実相院／⑭伊勢山の「内小屋」／⑮戸石城（砥石城）跡／⑯陽泰寺／⑰白山比咩神社／⑱上田城跡

＊ 祢津遠光　祢津氏は、同じく滋野氏を称する海野・望月の両氏とあわせて「滋野三家」などと称される東信屈指の有力氏族であった。

＊ 『日本書紀』　養老四年（七二〇）成立。六国史の第一。

＊ 高天原　日本神話中の聖地で、神々が住んだところ。「葦原の中つ国」（地上界）・「根の国」（地下界）に対する天上界。

山家神社の境内

にも、「時に神吾田鹿葦津姫《かみあたかあしつひめ》卜定田《うらへた》を以《も》て号けて狭名田《サナタ》と曰《い》ふ。其の田の稲を以て天甜《あまのたん》酒《ざけ》を醸《か》みて嘗《にはない》す」とみえる。これも神に献じる酒の料田《りょうでん》でもあった。

ここ小県郡《ちいさがたぐん》の「さな田」も、神稲の田に由来する地名だったとすれば、その田とは山《やま》家《が》神社に祀られた神の料田にほかなるまい。字《あざ》「真田」の隣が、山家神社の鎮座する字「山家」である。山家神社は、『延喜式』*にもその名がみえる古社で、上信国境にそびえる四阿山《あずまやさん》*の里宮であった。中世には白山信仰と結びつき、四阿山白山信仰の拠点となり、神宮寺の白山寺を中心に広く信仰を集めた。

加賀・越前・美濃にまたがってそびえる白山は古来崇拝の対象とされた霊山で、平安時代の中頃には、十一面観音を本地仏《ほんじぶつ》*とする白山信仰が全国各地に伝えられた。『平家物語』*によると、信濃から北陸道を京都へと向かった源（木曾《きそ》）義仲《よしなか》*は、白山に願文《がんもん》を奉納したが、その願文を書いたのは義仲に従っていた覚明《かくみょう》*という僧であったという。覚明は、信州小県郡に勢力をもっていた海野幸親《うんのゆきちか》の子であった。上田市真田町傍陽《そえひ》の実相院《じっそういん》*にはかつて白山寺の本尊であったという十一面観音像があり、

---

*『延喜式』　一〇世紀に編纂された法典。五〇巻。延喜五年（九〇五）醍醐天皇の命により藤原時平、ついで忠平らが編集。延長五年（九二七）に完成。

*四阿山　長野・群馬の県境にある円錐火山。標高二三五四メートル。西斜面に菅平がある。吾妻山・吾嬬山（あがつまやま）とも。

*本地仏　神々は仏や菩薩がいろいろな姿であらわれた化身、すなわち垂迹であるとする考え方により、その根本である仏・菩薩のことを本地仏という。

*『平家物語』　一三世紀に成立した軍記物語。平清盛を中心とする平家一門の興亡と一二世紀の争乱を叙事詩的に描く。

*源（木曾）義仲　（一一五四～八四）源義賢の二男。父が源義平に殺された後、木曾山中で成長し、木曾義仲とも呼ばれた。北陸道を

その造像年代は平安時代後半。また、同じく傍陽の三島神社で発見された御正体《みしょうたい》＊も十一面観音で、一二世紀にさかのぼるのではないかとみられている。また、真田町の西方にそびえる東太郎山《ひがしたろうやま》の麓、上田市山口の字「二の宮」に鎮座する白山比《しらやまひ》咩《め》神社には、弘安元年（一二七八）九月に白山社を再建したさいの棟札《むなふだ》があり、一三世紀には小県郡に白山信仰がひろまっていたことを示す。

上田市小泉の高仙寺《こうせんじ》＊に所蔵されている御正体には、「四阿山御正体　猿楽彦一」「永享十年（一四三八）八月日」と刻まれており、もとは山家神社（白山寺）に奉納されたものであった。山家神社所蔵の御正体にも、「永享十二霜月十二日」の銘がみえ、同社所蔵の鰐口《わにぐち》＊には、「奉施入四阿山」「武州入西郡苦林清金敬白」「文安三年（一四四六）丙寅」と刻まれたものと、「奉施入四阿山御宝前」「文安六年六月吉日」と刻まれたものがある。いずれも、一五世紀に山家神社・白山寺が四阿山白山信仰の拠点となっていたことを物語るものと言えよう。なかでも、「武州入西《にっさい》郡苦林《にがばやし》」という刻銘に注目したい。「苦林」は、現在の埼玉県入間《いるま》郡毛呂山町の地名で、都幾《とき》川と合流して入間川にそそぐ越辺《おっぺ》川右岸の低い

傍陽の三島神社で発見された御正体
上田市教育委員会所蔵

西上して寿永二年（一一八三）入京。旭将軍の称を得たが、源範頼・義経に追われ、近江の粟津原で敗死。

＊**覚明**（一一五六？～一二四一？）平安末・鎌倉初期の僧。木曾義仲の右筆。もと勧学院の学生であったが、比叡山の黒谷で出家。北国に修行し、以仁王挙兵にさいして興福寺の返牒を起草。その後、義仲に従う。

＊**実相院**　上田市真田町大字傍陽字表の天台宗の古刹。

＊**御正体**　御神体である鏡に本地仏の像を示した鏡像または懸仏《かけぼとけ》。

＊**高仙寺**　上田市大字小泉の真言宗寺院。

＊**鰐口**　神殿や仏殿の前の軒先などにつるす鉦鼓を二つ向き合わせた形の鋳銅製の鈴。下に横長の口がある。前に垂らした、布などを編んだ緒で打ち鳴らす。

「苦林」銘をもつ鰐口
山家神社所蔵

岩井堂の光明寺弘長板碑

段丘上に位置する。かつて鎌倉街道*上道の越辺川渡河地点だったところで、「苦林宿」という宿町が形成されていた。この宿の住人が、山家神社に鰐口を奉納したのであり、四阿山の信仰圏がいかに広かったかがよくわかる。

　真田氏は、この四阿山白山信仰と深い関わりをもっていた。武田晴信《はるのぶ》（信玄）の配下となって北信や上州北部の攻略に奔走した真田幸綱《ゆきつな》（のちの一徳斎幸隆《いっとくさいこうりゅう》）は、後述するように、真田氏の嫡流*だったかどうかよくわからないのだが、四阿山を護持していたことはまちがいない。山家神社に所蔵されている永禄五年（一五六二）六月の奥宮社殿扉裏書銘に「大檀那《おおだんな》*幸綱并信綱」とあって、彼が四阿山白山権現の「大檀那」として、嫡男の信綱とともに社殿の修造をしていたことがわかる。

　また、幸綱が開創し、真田氏の菩提寺となった長谷寺は、山家神社の東方、岩井《いわい》堂山《どうさん》の懐に位置する。この岩井堂山も霊場だった。四阿山の里宮として信仰を集め

---

* **鎌倉街道**　鎌倉幕府が開いた道。上道、中道、下道の三道がよく知られている。
* **嫡流**　嫡子から嫡子へと家督を伝えていく本家の血すじ。正統の血統。
* **大檀那**　寺の檀家のなかで主だった人。また、布施などを多く喜捨する人。
* **五輪塔**　物質の構成要素である五大すなわち地・水・火・風・空をかたどった塔。それぞれ方、円、三角、半月、宝珠形につくられた。平安時代の中頃から供養塔あるいは墓標として用いられる。石造りが一般的であるが、木、金属、泥などでもつくられた。
* **宝篋印塔**　宝篋印陀羅尼《だらに》を納めるための塔であったが、蓋（笠）の四隅に馬耳形の突起をもつ塔の名称となった。木造・銅造もあるが、鎌倉中期以降は墓地に造立された石塔が多い。基礎の上に方形の塔身、その

た山家神社だが、現在の社殿は、岩井堂山を背にして鎮座している。岩井堂山の中腹には、かつて観音堂が存在したと伝えられ、「弘長三年（一二六三）」「光明寺建立」という銘が刻まれた板碑《いたび》や、五輪塔《ごりんとう》*、宝篋印塔《ほうきょういんとう》*の残欠が多数みられる。幸綱がこの谷に菩提寺《ぼだいじ》を建立したのも、古くからの霊場だったからであろう。山家神社は、こうした霊場の入り口に位置していた。

信仰と交通

近代以前の社会においては、さまざまな経済活動が信仰すなわち神仏と関係しており、信仰と関わって多くの人やモノ・情報、そして金銭が動いた。真田氏が成長した中世という時代の社会や経済を考えるさいには、信仰経済学あるいは宗教経済学とでもいうべき見方が不可欠である。

多くの庄園を領有していた寺院が、大きな経済力をもっていたことはもちろんだが、そうした大寺院だけの問題ではない。たとえば、交通も本来は山野河海の神々との関係が意識されていた。中世には各地の道・橋・河川・港湾などに関所が設置され、往来する人々から関料《せきりょう》*を徴収したが、それがしばしば「初穂《はつほ》*」「手向《たむ》け*」などと称されたことは、山野河海を通過するさいには、その地の神々と折り合いをつけなければならないと考えられていたことのなごりであろう。交易・輸送などに携わる人々が権門寺社の寄人《よりうど》*・神人*などの身分を得て、関などでの課役の免除・往来の自由を保障され、広範囲に遍歴したが、それもそうした観念と無関係ではない。

道や橋などの整備すなわち公共事業も、中世には作善《さぜん》*あるいは供養だと考えられ

上に蓋、相輪が置かれ、蓋に数段の階段がめぐる。

* 関料　中世、関所を通過する人馬荷物などに課して徴収した通過料。道路・橋・港湾設備・渡船などの使用料、修築料、造営費、また治安維持・護衛の警固料に由来するとされるが、徴収の場により、山手、河手などとも称された。

* 「初穂」　神仏や朝廷などにたてまつる、その年最初に収穫した野菜、穀物などの農作物。また、神仏へ奉納する金銭、米穀など。

* 「手向け」　神仏に幣《ぬさ》など供え物をすること。また、その供え物。旅人などが道の神に対して供える場合にいう。また、道の神に旅の安全を祈るところ。とくに、山道の登りつめたところ。とうげ。

ることが少なくなかった。そうした公共事業の資金を集めるさいに、最もよく行なわれたのが勧進《かんじん》*で、山伏《やまぶし》*や聖《ひじり》*などの宗教者が、神仏への供物として金品を集めた。商いの場である市庭《いちば》も、市祭を行なうことではじめて市として機能する。市祭の祭《さい》文《もん》*は、神との契約にもとづいて人々の合意を形成するものだったが、多くの場合、祭文を読み上げるのは山伏などの宗教者だった。市神は、市が起動して順調に経済活動が行なわれるために不可欠の存在であって、市祭の日にはその市で商売にたずさわる商人が集まって市神に供物（初穂）を捧げる。

　中世にも寺社参詣は盛んで、そのために旅をした人々だけでも当時の交通量に占める数は相当なものだったと考えられる。とくに多くの人々をひきつけたのは熊野や高野山をはじめとする深山の聖地・霊場であった。山伏は、人々を聖地へ案内したが、当然それに対して初穂や布施が発生した。それ自体が重要な経済活動で、山伏は金品を集めてまわるプロだったと言えよう。勧進も山伏に委託されることが少なくなかったし、棟別銭《むねべつせん》*の徴収を請け負った山伏がいたことも知られている。また、山伏は各地にさまざまな情報をもたらす情報屋でもあって、軍事的に利用されることもあった。山家神社（白山寺）とその門前にも多くの山伏や僧侶、参拝者や商人・職人たちが行き交い、にぎわっていたにちがいない。

　真田氏について、「山間部の小土豪であったが、のちには大名にまで成長し……」などと語られることが少なくない。真田氏が山に囲まれた狭小な勢力圏しかもって

---

* **寄人**　上級貴族・大寺院など、庄園の領主とは別の領主に属して雑役を勤めた人々。

* **神人**　「じんにん」とも読み、「神民《しんみん》」ともいう。中世の神社に所属した奉仕者身分。神役を勤め、供祭物を貢進するなどし、その見返りとして宗教的・身分的特権をえていた。

* **作善**　仏教が説く善根を積むこと。造仏、堂塔の建立、仏事供養を営むなど、善事をなすこと。

* **勧進**　社寺や仏像の建立、修理などのために広く人々に、それが功徳になると勧めて金品の寄付を募ること。

* **山伏**　山岳で修行することによって超自然的な力を体得し、呪術宗教的な活動を行なう修験道の指導者。

* **聖**　寺院にはいらず、諸国をめぐって勧進したり、乞食をしたりして、修行している隠遁僧。

* **祭文**　祭の時に、神仏に告げることば。

いなかったことは確かであるが、山間部に生まれ育ったことは、彼らにとって不利な条件だったのだろうか。中世には山間部を本拠としていたからこそ、存続・発展した武士もいた。真田という土地も、聖なる山に懐かれていたからこそ、活気を帯びていたのである。

山への信仰も、交通と深くかかわっていたわけだが、真田氏の成長を考えるさいには、この交通もキイワードである。山間部を「他所と隔てられた不便な場所」とするイメージは、都をはじめとする平野部の町の人々が創り出したものだと言ってよい。近代的な交通の発達が、そうしたイメージの肥大化に拍車をかけた。近代以前、陸上交通は牛馬と人間の脚力によるしかなかったのであり、平野部にくらべて山間部の交通がいちじるしく不便であったとは言えない。山間の道が幹線や近道だったところは少なくなかった。

真田には「上州道」と称される街道が通っている。鳥居峠《とりいとうげ》*を越えて上野国と往き来するこの道は、北関東と信濃を結ぶ大動脈であった。かつては、南の角間《かくま》渓谷*をぬけて上野へ出るルートもよくつかわれていたことだろう。さらにこの道は、菅《すが》平《だいら》*を越える大笹《おおささ》街道にもつながっている。大笹街道は北関東と北信、東信と北信を結ぶ主要道であり、東信から日本海へ向う近道でもあった。近代以降、長野盆地（善光寺平《だいら》）と上田盆地を結ぶ鉄道も国道も千曲川《ちくまがわ》沿いに集中したが、かつては氾濫によって使えなくなる大河川沿いの不安定なルートではなく、真田から地蔵峠《じぞうとうげ》*

＊**棟別銭**　鎌倉時代から戦国時代にかけて行なわれた家屋税。

＊**鳥居峠**　長野県上田市と群馬県吾妻郡の境にある峠。利根川支流の吾妻川と千曲川支流の神川の分水界をなす。四阿山の遥拝所があり、鳥居が設けられたことからその名がつけられた。旧鳥居峠は現在の峠より北にあって標高一三九〇メートルの地点を通過していた。

＊**角間渓谷**　烏帽子岳から流れ出る角間川によってできた渓谷。切り立った岩壁、奇岩で知られる。

＊**菅平**　真田町大字長字菅平　四阿山根子岳（二一二八メートル）の南西斜面に広がる高原。平均標高一二〇〇メートル。最底部は湿地帯で、神川の水源となっている。

を越えて松代へ出る道が多用されていた。真田はまさに街道の結節点、交通の要衝であった。

交通は、のちの真田氏の活躍について考えるさいにも鍵になる。戦国末期、真田氏は信州上田城を本拠として小県郡を支配し、上州北部の沼田城を拠点として吾《あが》妻《づま》・利根《とね》の両郡も支配するようになったが、交通に着目すれば、天下人や大名たちが、なぜ真田氏に振り回されたのかがわかる。信州上田はのちの北国街道、上州沼田も三国《みくに》街道の要衝で、本州の中央部を横断し、日本海側と太平洋側を結ぶ幹線ルート上に位置していた。その重要性は近代を迎えてもかわらず、ほとんどそのまま北国街道は信越線と国道一八号、三国街道は上越線と国道一七号となる。現代に置き換えてみれば、上田で上信越自動車道と北陸新幹線、沼田で関越自動車道と上越新幹線をおさえているようなものであった。

＊ **地蔵峠** 長野市松代町豊栄・上田市真田町傍陽。松代城下から小県郡の真田に至る郡境の峠。標高一一〇〇メートル。古くから北信と小県郡を結ぶ最短距離の道として、近世には上田城下と松代城下を結ぶ道（北国脇往還の裏道）として利用され、現在も県道の長野・傍陽・上田線となっている。

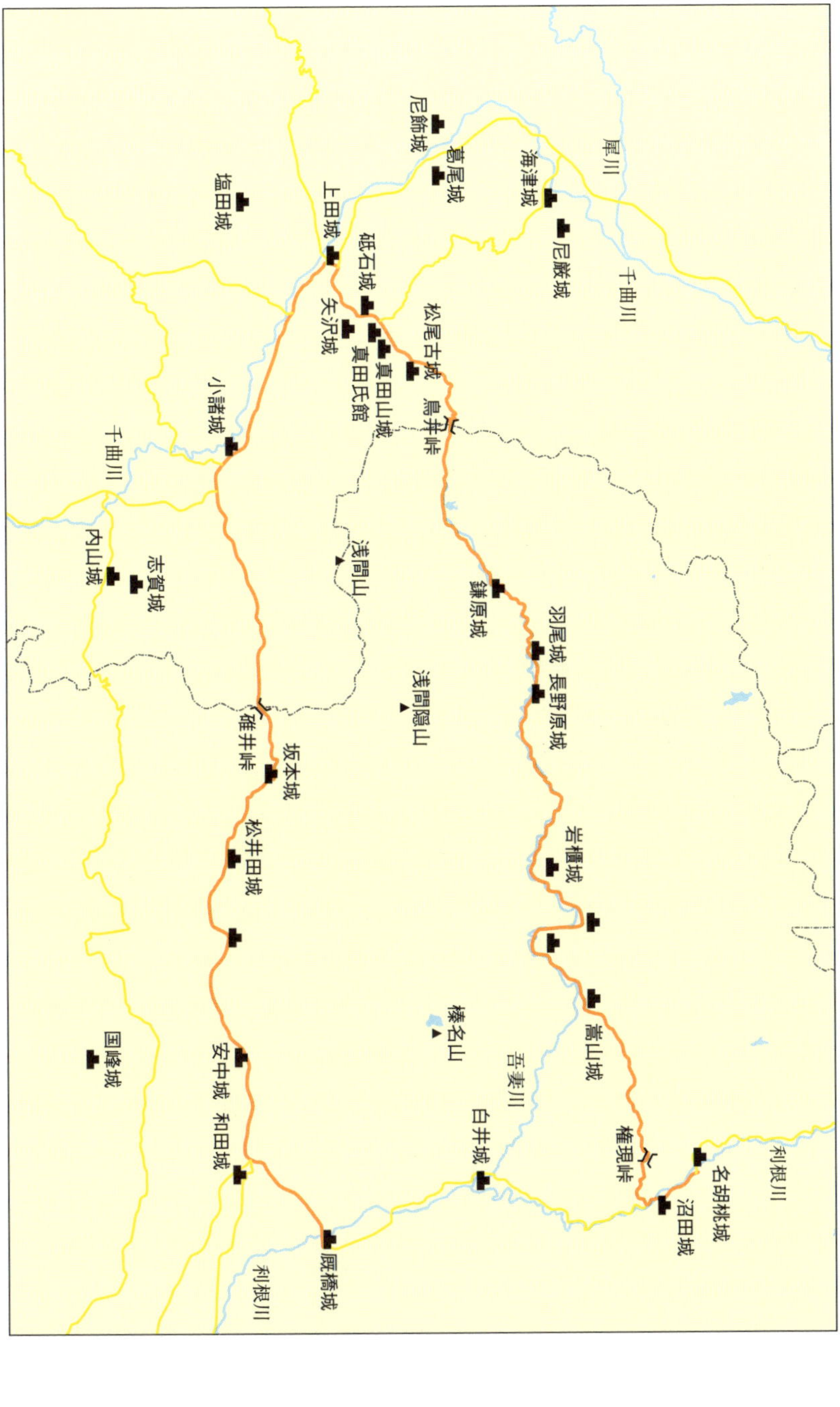

東信・北上州の主要な道路と城

二　先祖と幸綱の経歴

海野氏と幸綱の家系

江戸時代の真田家は、海野氏*の直系である幸隆《ゆきたか》が、本拠とした地名によって「真田」に改姓した、すなわち、真田家はかつて東信最大の勢力を誇った名門海野氏嫡流の末裔であると説明していた。『寛永諸家系図伝』*をはじめとする系図類も、海野氏を真田氏の先祖としているが、実は信憑性の高い史料でそれを裏付けることはできない。これからみるように、幸隆（実名は幸綱）が、海野氏と姻戚関係をもっていたことは確かかもしれないが、海野氏嫡流であったとは考えられないのである。

『続群書類従』*に収載されている『信州滋野氏三家系図』も、幸隆を海野氏の直系と位置づけているが、鎌倉時代初期の海野「長氏」の四男「幸春」に「真田七郎」と注記している。「幸春」の祖父「幸氏」が『吾妻鏡《あづまかがみ》』*にみえることなどから、この系図はある程度信頼をおいてよいと判断する研究者が多く、真田氏は鎌倉初期に海野氏から分かれた庶流（分家）として始まった可能性が高いと言われている。しかし、この『信州滋野氏三家系図』の末尾は、承応二年（一六五三）に死去した旗本《はたもと》*真田幸政《ゆきまさ》（昌幸の甥）の子の代まで記載があるから、それ以降すなわち一七世

---

* **海野氏**　信濃国の海野（長野県東御市）を名字の地とする氏族。滋野三家の一つとして平安末期から近隣の望月・祢津と並び称され、いくつもの庶流を輩出し、戦国時代まで信濃に一大勢力を有した。

* **『寛永諸家系図伝』**　江戸幕府が編纂させた大系図集。寛永二十年（一六四三）成立。一八六巻。大名・旗本・御家人の諸家から提出させた系図を、林羅山らが検閲・分類したもの。

* **『続群書類従』**　江戸後期の叢書。『群書類従』を開版した塙保己一は、寛政七、八年（一七九五～六）頃から続編を企画し、その子忠宝が文政五年（一八二二）、目録を幕府に提出し、刊行をめざした。

* **『吾妻鏡』**　一三世紀の末頃に成立した鎌倉幕府の歴史書。

* **旗本**　江戸時代、将軍の

紀後半に作成された系図であると考えなければならない。また、「浅羽氏家蔵本を以《もっ》て写す」という奥書《おくがき》があり、真田家に伝来した系図でもなかった。海野「幸春」＝「真田七郎」も、そのまま信用するわけにはいかない。

『大塔物語』は、合戦後、間もなく成立したものとみられるから、一五世紀に真田氏が存在していたことはまちがいないのだが、それ以前の系譜は今のところ不明と言うほかない。『大塔物語』によれば、「実田（真田）」は祢津氏に従っているから、祢津氏の庶流だった可能性も考えられよう。

真田氏は、永享十二年（一四四〇）の結城《ゆうき》合戦*にも従軍したらしい。典拠は不明だが、『信陽《しんよう》雑誌』*に引用された史料に、信濃守護小笠原政康《まさやす》・同持長《もちなが》・村上頼清《よりきよ》に率いられて参陣した武士のなかに「真田源太・同源五・同源六」の名がみえる。「源」を冠する仮名*は、戦国時代の真田氏と同じであり、先祖とみてよいだろう。この時、村上氏*と行動を共にしていたことにも注意したい。真田は、東信のなかで

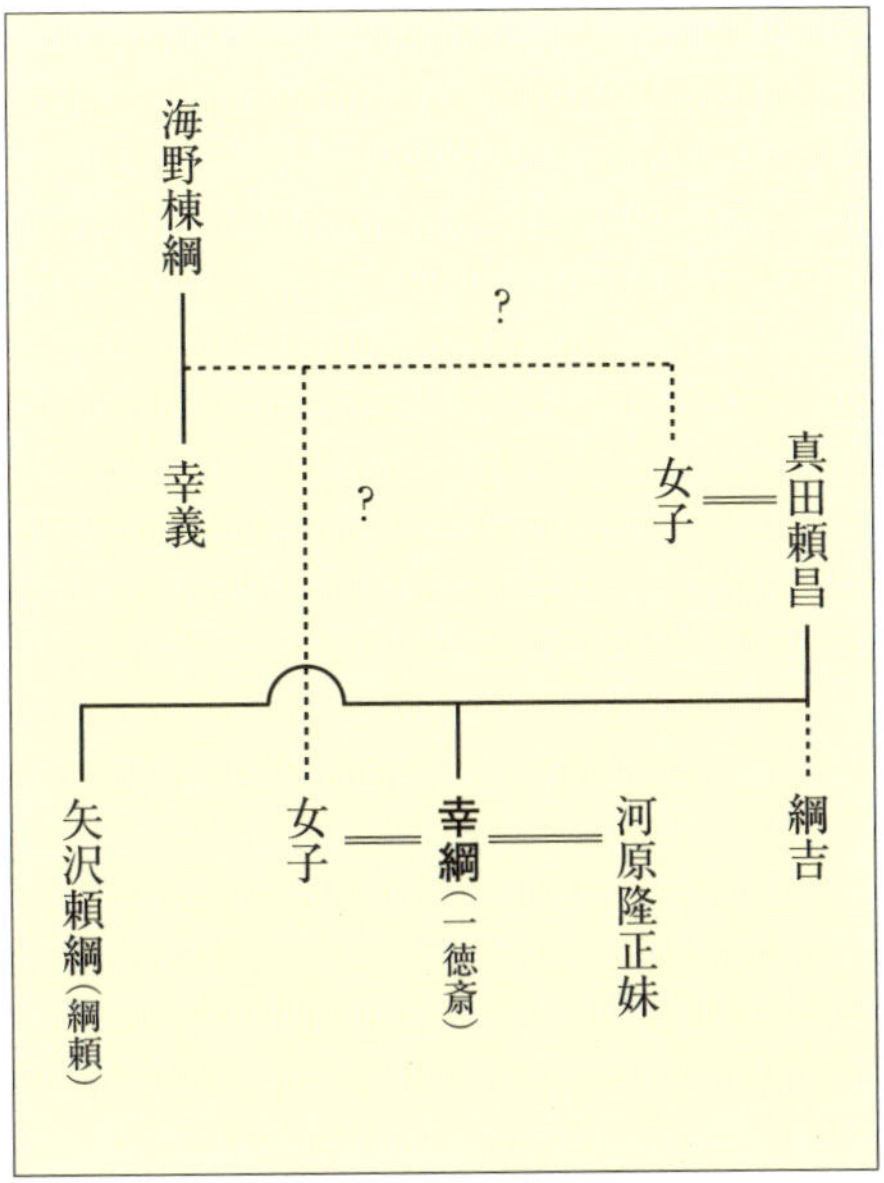

海野氏・真田氏関係系図

直属家臣のうち、知行高一万石未満一〇〇俵以上で、将軍に謁見できる御目見以上の格式の者。

* 結城合戦　永享十二年（一四四〇）結城氏朝が鎌倉公方足利持氏の遺子春王丸・安王丸を奉じ、幕府に対して挙兵、鎌倉幕府執事上杉憲実らと戦った戦い。

* 『信陽雑誌』　信濃国の地理・歴史をまとめた江戸中期の書物。吉沢好謙著。

* 仮名　実名のほかにつけた呼び名。たとえば、和田小太郎義盛は、和田が名字（苗字）、小太郎が仮名、義盛が諱（実名）。

* 村上氏　南北朝期から戦国時代まで、信濃国更級郡・埴科郡に勢力を有した有力国人（国衆）。

も北信に近く、海野や祢津といった東信の名族だけでなく、村上氏の影響もうけていたと考えられる。

真田氏歴代を明確にたどれるようになるのは、戦国時代の真田幸綱からだが、この幸綱の出自もはっきりしない。海野氏と姻戚関係があったことは確かなようだが、どのように結び付いていたのかは、同時代の史料がなく、後世の系図類に頼らざるを得ないのである。

白鳥《しらとり》神社*の『海野系図』によれば、海野棟綱《むねつな》の娘と真田頼昌《よりまさ》の間に生まれたのが幸隆であるという。幸隆は棟綱の女婿の子ということになる。また、幸隆の弟とされる矢沢綱頼《やざわつなより》*の菩提寺良泉寺《りょうせんじ》*に伝わる『矢沢氏系図』*には、綱頼（真田源之助）は真田右馬佐《うまのすけ》頼昌の三男だという。同系図は頼昌に「昔より真田氏」と注記しているから、幸隆以前に真田氏を称していたことになる。これらにより、幸隆の父は海野棟綱の女婿である真田右馬佐頼昌というのが通説であった。

これに対し寺島隆史氏は、白鳥神社の『海野系図』は海野棟綱の娘と幸隆の婚姻を示しているとみる。さらに、『信州滋野氏三家系図』が幸隆に「海野小太郎聟成《むこなり》」と注記していることとあわせて、幸隆を棟綱の

矢沢の良泉寺

---

* **白鳥神社**　長野県東御市大字本海野の産土神。

* **矢沢頼綱（綱頼）**（一五一八?〜九七）小県郡の国衆矢沢氏の当主。はじめ綱頼、のち頼綱。系図諸本は、頼綱も海野氏出身で、幸綱の弟、昌幸の叔父とするが、未詳。幸綱の甥の可能性も指摘されている。

* **良泉寺**　上田市大字殿城字矢沢の曹洞宗寺院。矢沢氏の菩提寺。天正三年（一五七五）、矢沢綱頼の開基と伝える。

* **『矢沢氏系図』**　元禄九年（一六九六）以降に成立。真田「頼昌」という名は、この系図に見えるもので、他の史料確認することができない。

* **河原隆正**　真田家の家臣。丹波守。妹が真田幸綱に嫁ぎ、信綱・昌幸など五人の男子を産む。

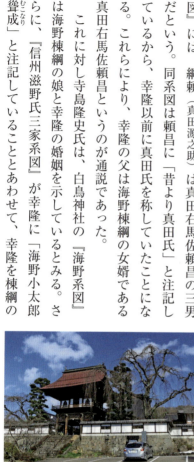

女婿とした。幸隆を棟綱の外孫とする通説と、女婿とする寺島説とが併存している状況で、どちらも後世の系図によるが、棟綱と幸隆（幸綱）の世代差が近い寺島説がやや有利というところであろう。

また、寺島氏は、幸隆と同時代に、頼昌と同じ「右馬佐」を名のる真田綱吉《つなよし》の存在が確認できることから、綱吉こそ真田氏嫡流で、幸隆は庶流だったとみている。いずれにしても、幸綱以前から真田氏は存在したが、その勢力は小さかった。幸綱の妻は、家臣河原隆正《かわらたかまさ》*の妹であるが、大名や有力国衆《くにしゅう》の子女ではなく、家臣の妹を妻に迎えていることも、当時の真田氏の勢力が弱小であったことを示している。

なお、一般には「幸隆」の名で知られているが、同時代の史料にみえるのは「幸綱」である。棟綱・幸綱・信綱（幸綱の嫡男）、あるいは綱吉・綱頼というように、「綱」を通字*として用いていたと考えられよう。「幸隆」という実名が初めて見えるのは、『寛永諸家系図伝』で、その後の系図や家譜ではことごとく「幸隆」と書かれるようになった。高野山蓮華定院《れんげじょういん》*の過去帳にも「幸隆」とみえるものの、出家したあとの法号（法名）「一徳斎《いっとくさい》」とセットであることに注意したい。出家した幸綱が「一徳斎幸隆《こうりゅう》」と号したのであり、「幸隆」は実名ではなく、法名であったと考えられる。

武田氏に従う　天文十年（一五四一）五月、甲斐の武田信虎《のぶとら》*・信濃の諏方頼重《すわよりしげ》*・村上義清《よしきよ》*が連合して海野領を襲った。海野勢は海野平（長野県東御市）で大敗し、小

---

* **通字**　代々実名に用いる字を、通字《とおりじ・つうじ》という。たとえば源義家、義朝の「義」、平清盛、重盛の「盛」など。系統性を表わすために用いられた。

* **高野山蓮華定院**　高野町高野山一心院谷をほぼ南東に向かって下る道の東側にある。準別格本山。近世末まで信濃、とくに東信地方の人々が高野詣にさいしての宿坊としており、関係が深い。真田氏との関係は、江戸時代にも続いていた。

* **武田信虎**　（一四九四～一五七四）甲斐国内の統一を推進したが、長男晴信によって駿河の今川義元のもとに追放され、永禄六年（一五六三）、今川氏真に駿河を追放された。

* **諏方頼重**　（一五一六～四二）諏訪大祝の後裔。信濃国諏訪郡上原城主。娘は信玄の側室となり勝頼を生んだ。

県郡に北信濃の有力国衆村上氏の支配がおよぶことになった。惣領である海野棟綱は、関東管領《かんれい》*山内上杉憲政《のりまさ》*を頼って上野へ落ちのびた。この時真田幸綱も上野へ逃れ、箕輪《みのわ》城*の長野業正《なりまさ》*を頼ったという。棟綱は上杉憲政を頼って旧領奪還をめざすが、やがて幸綱は別の道を歩むことになる。

　同年六月、武田晴信（のちの信玄）がクーデターを起こし、父信虎を駿河に追放して家督を嗣ぐと、翌天文十一年六月、晴信は諏方氏を亡ぼす。武田家と山内上杉家は同盟を結んでいたものの、東信をめぐって関係が悪化し、天文十六年、佐久郡への侵攻を始めた晴信が志賀《しが》城*を包囲すると、上杉憲政は志賀城を救うため小田井原《おたいはら》（御代田町）で武田勢と衝突した。この戦いは武田方の圧勝で、以後、上杉憲政が信濃に攻め込むことはなくなる。幸綱はこの頃には武田晴信に臣従していたらしい。天文十八年三月には、真田氏が武田氏の家臣として史料にあらわれる。

　小県郡にも勢力を拡大しつつあった村上氏は、東太郎山*の尾根に築かれた砥石《といし》城を小県支配の拠点としていた。天文十九年七月、武田晴信は村上義清*との戦いにさいして真田幸綱に、義清を討ったら諏方形《すわがた》・上条で合計一〇〇〇貫の知行を与える約束をしている。諏方形・上条は真田にも近い土地であり、これは真田氏にとって、海野平の戦いで追われた旧領への復帰につながるものであった。しかし、砥石城は真田郷をも一望できる位置にあったから、それを攻略しなければ、幸綱の真田郷復帰はありえない。

---

* **村上義清**　（一五〇一～七三）信濃国埴科郡葛尾城を本拠とし、北信・東信に勢力を有した国衆。

* **関東管領**　鎌倉府の執事。

* **上杉憲政**　（?～一五七九）山内上杉氏最後の関東管領。北条氏康に攻められて、越後の長尾景虎（のちの上杉謙信）を頼る。

* **箕輪城**　群馬県高崎市箕郷町西明屋、榛名山東南斜面を流下する白川と井野川に東と西を挟まれた台地（標高二七三メートル）に立地した城。長野氏が築城した。

* **長野業正**　榛名山東南麓に広がる長野郷を本拠地とし、関東管領山内上杉氏の支配下にあった国衆。

* **志賀城**　長野県佐久市志賀の北方、笠原山に遺構がある。戦国時代、笠原氏がここを拠点とした。

* **東太郎山**　上田盆地北側の太郎山と並んでその東側にそびえる標高一三〇一メートル

真田氏館跡から砥石城跡を望む

天文十九年九月、武田氏の砥石城攻撃は失敗におわり、十月一日、撤退にさいして大損害を出してしまう。信玄の生涯で最悪の敗戦として知られる「砥石崩れ」である。ところが翌年五月、幸綱はその砥石城を攻略してみせた。晴信側近の年代記『甲陽日記』*は、「砥石ノ城真田乗取」と記しているから、調略で敵の部将を寝返らせたのであろう。

これ以降、村上氏は小県郡に手を出せなくなるが、すぐに幸綱が真田郷に復帰したとは考えられない。天文二十年七月、晴信は内山城*に入った飯富《おぶ》虎昌《とらまさ》*と同城代小山田《おやまだ》虎満《とらみつ》*に対し、佐久郡の攻略を再開することを知らせ、あわせて幸綱への伝言も指示している。幸綱は天文二十二年八月、のちの昌幸とみられる子を人質として晴信に差し出し、その見返りとして秋和《あきわ》において三五〇貫文を与えられた。秋和も真田に近い郷村だから、幸綱は着実に真田周辺に支配領域を確保していたと言えようが、この所領宛行《あてがい》文書を取り

の山。

* **貫**　銭を数える単位。一文銭一〇〇〇枚で一貫。

* **『甲陽日記』**　信玄の側近高白斎が記したとみられる記録。『高白斎記』とも。

* **内山城**　長野県佐久市大字内山の断崖の上にある山城。

* **飯富虎昌**　（?～一五六五）甲斐武田氏の重臣。北信方面の軍事を統括した。

* **小山田虎満**　（?～一五七九）甲斐武田氏の重臣。郡内小山田氏とは別系。内山城代をつとめ、主に佐久郡支配を担った。

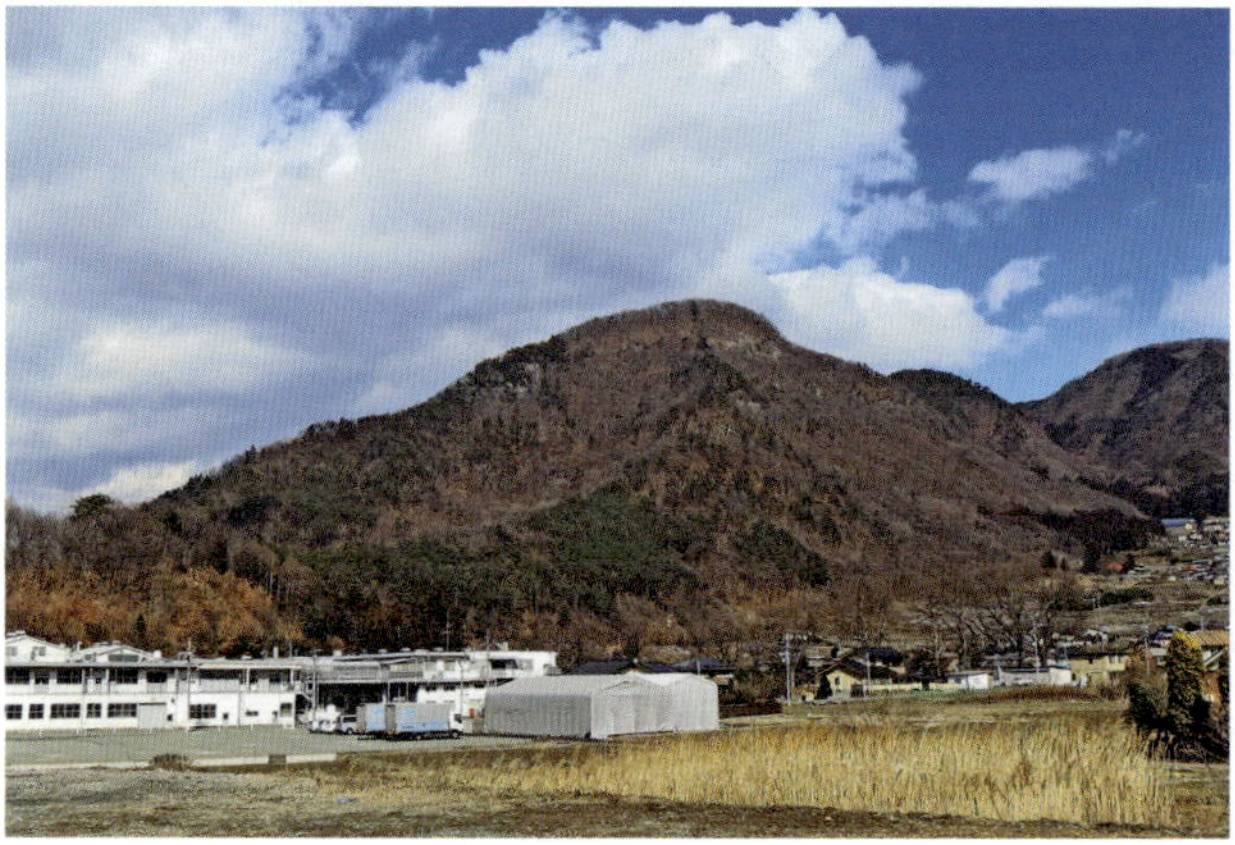

尼飾城跡

次いだのも虎満であったから、この頃、幸綱は小山田虎満の配下にあったことがわかる。幸綱も内山城を拠点としていた可能性が高い。

北信から上州へ

武田方の勢力拡大を恐れた村上義清は、天文二十二年（一五五三）三月、本拠葛尾《かつらお》城*から越後に逃亡した。北信の国衆は次々と武田家に出仕し、飯富虎昌がその指揮を任されることとなる。武田の勢力は北信にもおよぶことになったが、これに対して、越後の長尾景虎《ながおかげとら》*（上杉謙信）は、村上義清をはじめとする北信の国衆らの要請もあって、信濃に出陣してきた。これ以後、武田と上杉は北信（川中島、善光寺平）の支配をめぐって何度も対陣することになる。川中島周辺の制圧を任されたのは小山田虎満と真田幸綱であった。弘治二年（一五五六）八月、幸綱は虎満とともに、川中島を見おろす東条の尼飾《あまかざり》城*を攻略した。この尼飾城が、海津《かいづ》城*が築かれるまでの武田方の拠点となり、幸綱も在番している。

---

* **葛尾城**　長野県坂城町の北端、戸倉町との境、標高八〇五メートルの山頂から、西南に連なる山の背を利用した山城。

* **長尾景虎**　（一五三〇～七八）越後守護代長尾為景の子。初名は景虎。のち政虎。上杉憲政から上杉姓と関東管領職を譲られ、のち輝虎と改名。天正二年（一五七四）出家、謙信と称す。

* **尼飾城**　長野市松代町東条。「尼巌城」とも記す。東条村北東部の標高七八〇メートルほどの山頂に位置する。

* **海津城**　長野市松代町殿町　西に千曲川が流れ、善光寺平を押さえる軍事上の重要拠点となった。

　ところが幸綱は永禄三年（一五六〇）、長尾景虎に太刀を進上した。これは、景虎が山内上杉家家督と関東管領の職の継承を将軍から認められたことへの祝儀とみられ、太刀進上者のリストには、北信の国衆の名が列挙されている。それによると、幸綱は直接春日山《かすがやま》*に赴いて献上した「御太刀持参之衆」であった。いわば武田氏の敵に太刀を贈ったのである。このことは、北信・東信が、長尾（上杉）氏の領国と武田氏の領国の境目《さかいめ》*であったことを示している。境目にに生きる国衆たちは、たとえ一方の大名に臣従していても、他方の大名ともつきあっておく。幸綱の場合、万が一、武田家が敗北したとしても、みずからは生きのびられるように、長尾（上杉）氏ともつながりをもっておく必要があったのだろう。

　武田・上杉双方に多数の死傷者を出した永禄四年の川中島の激戦*後は徐々に武田氏が北信の支配を強めていくが、その一方で上野国の攻略も本格化した。真田氏は上州攻略でも重要な役割をはたすことになる。永禄五年、吾妻郡の国衆で真田氏と同じ滋野一族であった鎌原《かんばら》氏が大戸浦野《おおどうらの》氏などを味方につけて上杉方の城を攻撃すると、信玄は海野・祢津・真田の三氏に鎌原城*への番勢派遣を命じた。さらに永禄六年には、調略によって岩下城*を武田方のものにしたらしい。

　岩下城攻略後、信玄が吾妻郡支配の新たな拠点としたのが岩櫃《いわびつ》城*であった。永禄八年三月には、岩櫃城が武田方の拠点としてみえ始める。同じ頃、幸綱の「一徳斎」号もみえるようになるので、幸綱は永禄七年の冬か同八年の春までに出家した

---

* 春日山　新潟県上越市の春日山。長尾（上杉）氏の居城。謙信の頃に整備され、壮大な規模を誇った。
* 境目　敵と味方が接している所。
* 川中島の激戦　信玄と謙信は、信濃国水内郡で天文二十二年（一五五三）から永禄七年（一五六四）にかけて数度対戦した。このうちとくに有名なのが永禄四年九月に両軍が川中島で激戦となったもの。
* 鎌原城　嬬恋村鎌原、浅間山北麓、吾妻川右岸に位置する城。
* 岩下城　群馬県東吾妻町大字岩下字大久保。岩櫃城の西側山麓にあった城。
* 岩櫃城　群馬県東吾妻町、吾妻川の左岸、岩櫃山東山腹から北東丘陵上に築かれた雄大な山城。

長谷寺の真田幸隆（幸綱）墓所

のだろう。その後、斎藤弥三郎が上杉謙信に従って嵩山《たけやま》城*に籠もり、大戸浦野氏も離叛《りはん》したらしいが、一徳斎は斎藤氏の家老池田佐渡守を寝返らせて弥三郎を排除し、大戸浦野氏も調略で従わせた。吾妻郡の掌握に成功したのである。さらに一徳斎は、永禄十年三月に群馬郡の白井《しろい》城*を調略により奪取して信玄を驚かせた。一徳斎はこの頃に、家督を嫡男信綱に譲っていたと思われるが、その後も白井城あるいは岩櫃城にあって、吾妻郡の計略にあたっていたのだろう。

天正元年（一五七三）、信玄が没し、翌天正二年、一徳斎も体調を崩したらしい。信玄のあとを嗣いだ武田勝頼は一徳斎の病状心配し、武田家の侍医を派遣したが、同年五月十九日、一徳斎は死去した。享年六十二と伝わる。法名は、「月峯良心庵主」。墓所は、真田の菩提寺長谷寺である。

---

* **嵩山城**　群馬県吾妻郡中之条町嵩山。

* **白井城**　群馬県渋川市子持村白井・吹屋、利根川と吾妻川の合流点の北、吾妻川に接して断崖上に立地している城。

三　信綱と昌幸の経歴

信綱　真田信綱は、幸綱の嫡男として天文六年（一五三七）に生まれたらしい。幸綱の上州亡命から武田氏臣従は、信綱幼少期のことで、さまざまな苦難があったにちがいない。官途名は源太左衛門尉。信綱の「信」字は、武田晴信（信玄）からの偏諱《へんき》*であろう。

正室は、御北《おきた》（あるいは於北）と呼ばれ、北信の国衆高梨政頼《たかなしまさより》*の妹または娘と伝わる。高梨氏は越後長尾（上杉）氏と関わりの深い一族だったから、婚姻は天文二十二年の第一次川中島合戦よりも前、信綱が十六歳頃のことだった可能性が高い。

信綱の名の初見は、永禄五年（一五六二）の四阿山奥宮扉修理銘である。永禄十年三月までには家督を相続した。若くして父幸綱とともに吾妻攻略に従事したとみられるが、元亀三年（一五七二）には、信州小県の国衆たちとともに武田氏の文書の宛所《あてどころ》に連記されているから、小県を本領としていたことはまちがいない。天正元年（一五七三）十一月には、「綱」の字を与えて家臣の河原綱家《かわはらつないえ》*を元服させ、翌天正二年閏十一月には、四阿山の別当職《べっとうしき》*を蓮花童子院《れんげどうじいん》に安堵《あんど》するなど、真田家当主としての務めを果たしている。

---

* **偏諱**　貴人などの二字以上の名の中の一字。

* **高梨政頼**　現在の長野県中野市を本拠とした国衆。高梨氏は長尾氏との婚姻関係もあって、越後と関係が深く、武田晴信に攻められ敗れると、長尾景虎（上杉謙信）を頼った。

* **河原綱家**　（?～一六三四）河原隆正四男、信綱・昌幸の従兄弟。信綱の加冠により元服。真田家の家老として活動。関ヶ原合戦時は大坂留守居役。その後は信之に仕えた。

* **別当職**　僧官の一つ。一山の寺務を統轄した人。

信綱寺墓前の桜

武田軍における信綱の存在は、父幸綱よりも大きくなった。『甲陽軍鑑《こうようぐんかん》』＊巻八「甲州武田法性院信玄公御代惣人数事」は、信玄死去前後の武田家の陣容と動員兵力をある程度伝えているとみられるが、それによれば、信綱の地位は信濃先方衆《せんぽう》＊の筆頭。その動員兵力は、信濃の国衆のなかでもずば抜けて多い。しかし、武田氏にとって真田氏は外様《とざま》の国衆であり、武田氏領国の行政全般に関与できる立場ではなかった。信綱は武田勝頼のもとでも岩櫃城にあって吾妻郡の防衛を担っていたが、その権限は父一徳斎の時と同様、吾妻郡の国衆に対する軍事指揮権だけだったようで、行政権は与えられていなかったことが指摘されている。

天正三年五月、武田勝頼は徳川方の長篠城《ながしの》＊を奪おうと、三河に出兵。これに真田信綱と弟昌輝《まさてる》も従軍する。徳川家康が織田信長に支援を要請すると、大量の鉄炮を携えて到着した織田軍は、有海原《あるみはら》＊（設楽《したら》ケ原）周辺に陣地を構築して武田軍を待ち

＊『甲陽軍鑑』 江戸初期に集成された軍書。武田氏の老臣高坂弾正昌信の遺記を基に、春日惣二郎、小幡下野らが書きつぎ、小幡景憲が集大成した。現存最古の板本は明暦二年（一六五六）のもの。

＊先方衆 「先方」は、かつての敵方ということで、武田家では外様の国衆を呼ぶさいに用いられた言葉。

＊長篠城 愛知県新城市、寒狭川と三輪川の合流点の段丘上に築かれた城。

＊有海原 愛知県新城市竹広・川路・大宮・八束穂。雁峯山から南流する連吾川を挟む平地。現在は、設楽原と称されている。

構えた。五月二十一日の早朝に始まった武田軍と織田軍の戦いは、半日におよぶ激戦の末、武田方が劣勢となり、未刻（午後二時頃）に退却し始める。織田・徳川勢の追撃で、武田方は多数の死傷者を出し、真田信綱・昌輝兄弟も戦死してしまった。信綱は享年三十九。横尾の信綱寺《しんこうじ》*に葬られ、法名は「信綱寺殿大室道也大居士」である。弟の昌輝は享年三十三（または三十四）であったという。

武藤喜兵衛　真田昌幸は、慶長十六年（一六一一）、六十五歳で死去したと伝わっているから、逆算すると天文十六年（一五四七）生まれということになる。父幸綱が武田氏に従って間もない頃で、生まれた場所はよくわからない。天文二十二年八月、幸綱は子息を人質として甲府に差し出した。この少年こそ真田源五郎、のちの昌幸だと考えられる。天文十六年生れだとすれば、数えで七歳であった。武田家中においては、近習《きんじゅう》*として信玄に仕えたらしい。『甲陽軍鑑』には、武田晴信（信玄）が昌幸の才覚を認めて重用したこと、永禄四年（一五六一）の第四次川中島合戦で晴信の本陣を守ったのが初陣だったことなどがみえる。

昌幸の正室は「山之手殿」と称される。その出自にはさまざまな説*があり、はっきりしない。『真田氏給人知行地検地帳』*には「京之御前様」とみえるから、京都出身であったことは確かだろうが、信濃国衆の三男で信玄の近習にすぎない昌幸が、公家の娘を妻に迎えることはありえず、信玄の正室三条殿の侍女などだった可能性が高いだろう。

---

*　**信綱寺**　上田市真田町大字長字横尾にある曹洞宗寺院。真田昌幸が、兄信綱の牌所とした。信綱とその夫人、弟昌輝の墓がある。

*　**近習**　主君の側近く仕えること。伺候すること。また、その人。近侍。近臣。

*　**さまざまな説**　菊亭晴季の娘で信玄の養女という説があるものの、事実ではない。宇多頼忠の娘あるいは遠山右馬助の娘といった説も後世の誤伝。

*　**『真田氏給人知行地検地帳』**　現存するのは江戸時代の写しで、前後を欠くが、その内容は昌幸が実施した検地の成果を伝えている。

信玄は昌幸に、武田親類衆（庶流家）武藤《むとう》家を嗣がせた。武藤家は甲斐の名門であったが、たびたび断絶しており、信玄の母方の実家大井家（同じく武田親類衆の名門）から養子が入っていた。その代わりに昌幸が養子に入り、武藤喜兵衛尉《きへえのじょう》昌幸と称したのである。武藤家の当主となったことは、昌幸が信濃先方衆（外様の国衆）の子息ではなく、武田家譜代《ふだい》*の家臣になったことを意味した。『甲陽軍鑑』の「甲州武田法性院信玄公御代惣人数事」にも、「先方衆」の兄信綱・昌輝とは別に、「御旗本足軽大将衆」として昌幸の名がみえ、やがて昌幸は武田家が発給する朱印状*の奉者としてもあらわれる。父幸綱や兄信綱には考えられない出世であった。

真田家の継承と沼田攻略

天正三年（一五七五）五月、長篠合戦で兄信綱・昌輝が討ち死にしたため、昌幸は武藤家を離れて真田家の家督を嗣ぎ、兄たちの遺領一万五〇〇〇貫文を相続したという。武田家譜代となっていた昌幸の家督相続により、真田家そのものが先方衆から譜代へと、その家格を上昇させた。昌幸は、父や兄が担っていた上野の攻略を継承し、白井城や岩櫃城を預かったようだが、その活動範囲と職権は父や兄よりも大きかった。武田氏が東海地方へ出兵するさいにも従軍している。

天正六年から七年頃、真田昌幸は本拠真田のうち原之郷《はらのごう》で検地*を行なった。時期からみて、これは昌幸の家督相続後に、郷村と年貢高を確認する、代替わり検地だったのだろう。この時の検地の結果を伝えているのが、『真田氏給人知行地検地帳』

---

* 譜代　同一の主家に世襲的に奉公する者。

* 朱印状　戦国大名武田氏が発給した文書のうち、龍の朱印を捺し、「誰々奉之」と担当者の名前を書き込んだ奉書式朱印状。

* 検地　村落からの自己申告だけでなく、役人を村落に派遣して実情を確認した。

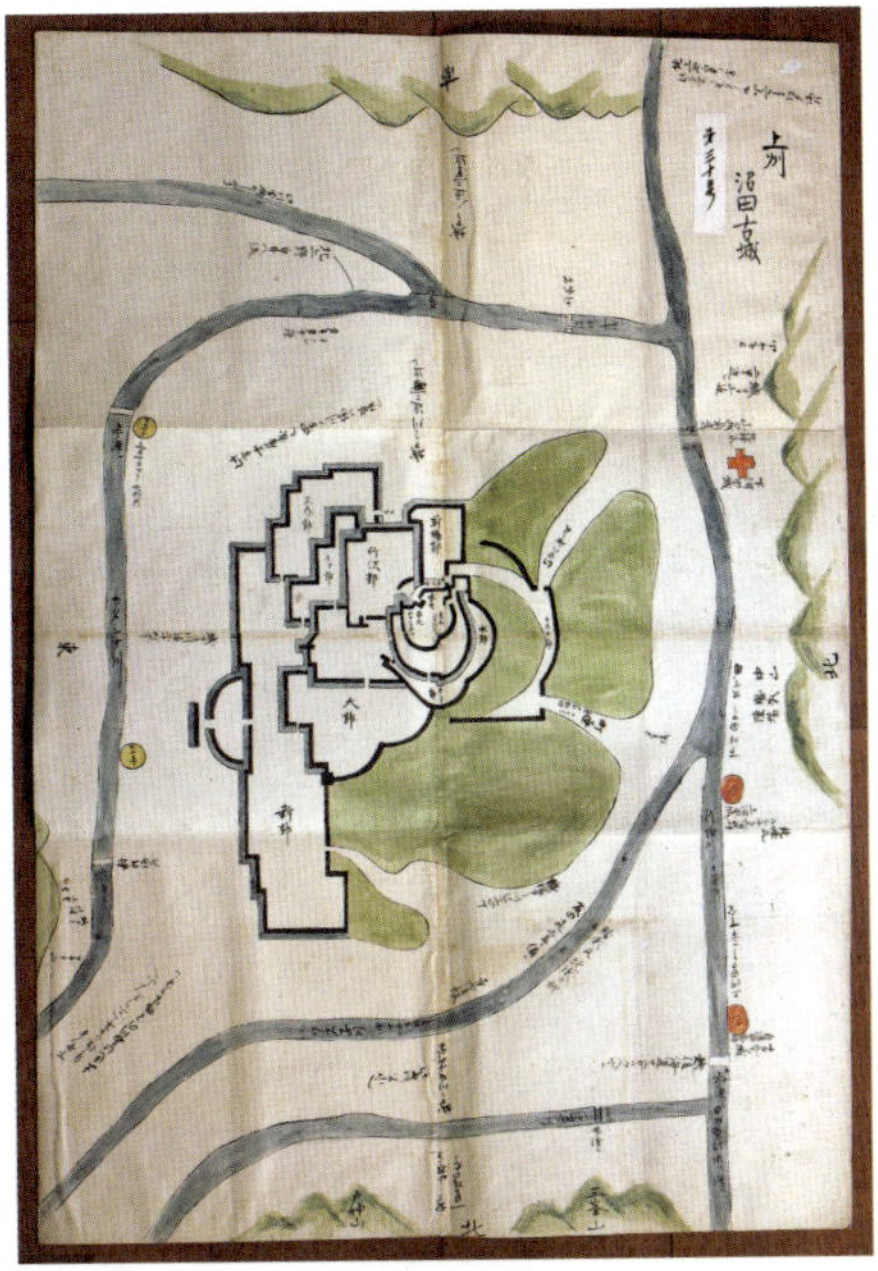

上州沼田古城図
上智大学中澤研究室所蔵

である。

天正七年、昌幸は上野国利根郡の沼田城を狙うようになっていた。この頃、昌幸は通称を安房守《あわのかみ》としている。これは、北条家で上野攻略を担った北条氏邦《うじくに》*が安房守と称していたから、それを意識し、対抗するためだったのだろうという指摘がある。

天正八年三月、昌幸は小川《おがわ》城*を調略によって掌握すると、閏三月、叔父矢沢頼綱が沼田を攻めて戦果をあげ、その後、昌幸も岩櫃城に入って、みずから沼田攻略を指揮した。五月に猿ヶ京《さるがきょう》城*と名胡桃《なぐるみ》城*を攻略すると、八月半ばには沼田城内の将兵の調略に成功し、ついに沼田城を攻略する。沼田城代は矢沢頼綱とした。

昌幸は武田勝頼から、岩櫃城を拠点とする吾妻郡と沼田城を拠点とする利根郡、この両郡の軍事指揮権と行政権を認められた。天正九年六月、勝頼が昌幸に送った文書によれば、両郡での城普請役の賦課、知行宛行方針の決定、交通の整備といっ

＊ **北条氏邦**　（?～一五九七）北条氏政の弟。父は北条氏康、母は今川氏親の娘。

＊ **小川城**　群馬県利根郡みなかみ町月夜野、沼田盆地の西北、上越両国間の幹線三国街道と清水峠越往還が合流する交通の要衝。

＊ **猿ヶ京城**　群馬県利根郡みなかみ町猿ヶ京宮野、三国峠を越えて越後から上野に入る、いわば関東の玄関口に立地した城。

＊ **名胡桃城**　群馬県利根郡みなかみ町下津、利根川の右岸、小さな沢の北側の段丘上に築かれた城。

た権限が与えられている。この頃、勝頼は宿老たちに駿河の三枚橋《さんまいばし》城*普請を督促しているが、昌幸もその宿老に含まれていた。また、勝頼が韮崎《にらさき》に新府《しんぷ》城*を構築し、本拠を甲府から新府へ移すことにしたのもこの頃だが、昌幸はこの新府城の築城にも関わっている。

武田家の滅亡と天正壬午の乱

天正十年（一五八二）正月、木曾義昌《きそよしまさ》*を裏切らせることに成功した織田信長は、信濃に兵を進めることにした。武田勝頼は、義昌討伐のために出陣するが、駿河の防衛を任せていた御一門衆の穴山梅雪《ばいせつ》（信君）*も寝返ったという知らせをうけ、諏訪から新府に帰還する。織田方の勢いに圧倒された南信の武田方は次々に降伏し、二月には勝頼の弟仁科信盛《にしなのぶもり》（盛信）*が守る高遠《たかとお》城*もあっけなく落城した。織田勢の甲斐侵攻は時間の問題となる。『甲陽軍鑑』などによれば、真田昌幸は勝頼に上州岩櫃への退避を進言し、勝頼はいったんそれを承諾したが、長坂釣閑斎《ながさかちょうかんさい》*が真田は昔から武田家に仕えていたわけではなく信用できないと進言したため、小山田信茂《おやまだのぶしげ》*の岩殿《いわどの》城*へ避難することになったという。

三月六日、昌幸は沼田城の叔父矢沢頼綱に防備を固め、軍勢を増強するよう指示した。岩櫃に勝頼を迎えるための準備とも考えられるが、昌幸は勝頼が最期を遂げた翌日の三月十二日には、北条氏邦から書状を送られている。勝頼を守るために北条氏の支援をとりつけようとしていた可能性もあるが、おそらく昌幸は武田家に従っているだけでは真田家が危うくなると判断して、武田家が滅亡する前に、北条氏

---

* 三枚橋城　静岡県沼津市、狩野川の右岸、三枚橋町の西境を通って同川に注ぐ狢《むじな》川の西側に築かれた城。
* 新府城　韮崎市中田町中条・藤井町駒井、釜無川左岸につづく七里岩台地に築かれた城。
* 木曾義昌　（一五四〇〜九五）信州木曾の国衆。信玄に従属し、その娘と結婚。
* 穴山梅雪（信君）　（一五四一〜八二）父は穴山信友。母は信玄の姉。信玄の娘をめとり、甲斐河内地方を領し、天正三年（一五七五）以後駿河江尻城主。
* 仁科信盛（盛信）　（?〜一五八二）武田信玄の五男。永禄四年（一五六一）仁科家にはいる。通称は五郎。
* 高遠城　長野県伊那市高遠町にあった城。
* 長坂釣閑斎　（?〜一五八二）信玄・勝頼の二代に仕え、甲斐国巨摩郡逸見筋長坂郷（山梨県北巨摩郡長

を新たな従属先にしようと交渉に入っていたのだろう。

しかし、北条氏も織田政権に従ってしまい、昌幸も信長に従属せざるをえなくなった。信長は、信濃の小県・佐久郡と上野を重臣の滝川一益《たきがわかずます》*に支配させることにしたので、昌幸は上野に入った一益に沼田・岩櫃の両城を明け渡す。ところが、六月二日の本能寺の変で信長・信忠父子はこの世を去り、これを知った北条氏直《うじなお》は上野に出陣し、滝川一益と交戦。神流川《かんながわ》*の合戦で滝川方は大敗し、一益は本領の伊勢に逃走する。この時、一益は国衆から人質をとっており、昌幸は生母河原氏と次男（弁丸、のちの信繁）を差し出したが、一益は木曾領を通過するさい、抱えていた人質を木曾義昌に奪われてしまう。信長が配した他の部将も本国へ還ると、旧武田領は諸勢力の草刈り場と化した。北条氏直は上野から東信へ侵攻し、上杉景勝も善光寺平を制圧しようと北信へ侵入する。徳川家康も旧武田領の甲斐・信濃

岩櫃城跡

坂町）を支配。実名は光堅。

* **小山田信茂**　（一五三九～八二）小山田出羽守信有の子。父の死で甲斐都留郡谷村城主をつぐ。信玄の談合衆のひとりであった。

* **岩殿城**　山梨県大月市賑岡町岩殿、桂川北岸にそびえる岩殿山（六三四メートル）の山頂を中心に築かれた戦国期の山城。

* **滝川一益**　（一五二五～八六）織田信長の重臣。天正二年（一五七四）、伊勢長島の一向一揆の平定後に、長島城主となる。

* **神流川**　三国山（一八一八メートル）の北麓、上野村に源を発する。東流して中里村・万場町の中央部を過ぎ、万場町柏木より下流は右岸が埼玉県、左岸が群馬県。

に出陣した。天正壬午《じんご》の乱*の始まりである。真田は、この三大勢力の狭間に位置していた。

昌幸は、岩櫃・沼田両城を確保し、吾妻郡の鎌原氏や湯本氏、利根郡の金子氏や恩田《おんだ》氏といった国衆を次々と配下に入れ、かつて武田氏のもとで管轄していた領域の再掌握を進める。しかし、北条氏直も上野の旧領奪還をめざしており、これに昌幸が単独で立ち向かうことは困難であった。そこで昌幸は、北信を制圧した上杉景勝に従い、北条氏に対抗しようとする。ところが、北条氏直は上野だけでなく、昌幸の本領小県に隣接する佐久郡にも軍勢を差し向けた。本領まで危うくなった昌幸は上杉から一転、北条氏直に従属する。

佐久郡では徳川方の国衆依田信蕃《よだのぶしげ》*が北条勢に追い詰められ、昌幸に徳川に寝返って支援してほしいと打診してきた。この頃、昌幸の弟加津野昌春《かづのまさはる》*（真田信尹《のぶただ》）は徳川家に従っていたらしく、九月、昌幸は昌春を介して徳川家康に従属した。北条氏直は、甲斐の若神子《わかみこ》*まで侵攻して徳川家康と対峙していたが、昌幸と依田信蕃に佐久郡の拠点を挟み撃ちにされ、徳川氏との対陣継続が困難になり、天正十年十月末、北条氏直は徳川家康と和睦協定を結ぶ。ここに天正壬午の乱は終結した。

秀吉のもとで

この和睦の条件が問題であった。北条氏は、信濃佐久郡・甲斐都留《つる》郡から撤退する代わりに、徳川家康に従う真田昌幸の沼田・岩櫃領を割譲するよう要求したのである。しかし、昌幸は沼田・岩櫃を引き渡そうとはしない。「沼

---

* **天正壬午の乱**　平山優氏らによる近年の研究で、この北条・徳川・上杉三氏による旧武田領争奪戦を「天正壬午の乱」と呼ぶことが提唱されている。壬午は天正十年の干支。

* **依田信蕃**　（一五四八～八三）　信濃国佐久郡蘆田（長野県北佐久郡立科町）の国衆蘆田（依田）下野守信守の嫡子。

* **加津野昌春（真田信尹）**　（一五四七～一六三二）　真田幸綱の四男。昌幸の弟。加津野信昌の名で知られる。武田氏滅亡後、本姓にもどり、徳川家康につかえた。

* **若神子**　山梨県北杜市須玉町若神子。釜無川の支流須玉川・西川の河岸段丘上に位置。甲州道中・棒道・佐久往還などの分岐点にあたる交通の要衝。

田領*問題」の始まりである。昌幸は、家康と手を切り、第一次上田合戦となるが、これについてはⅡでみることにしよう。

昌幸は、第一次上田合戦にさいして、羽柴秀吉の支援も期待した。秀吉は昌幸の従属を認め、支援も約束したが、天正十四年（一五八六）六月、上杉景勝が上洛し、秀吉に謁見したさい、秀吉は真田昌幸を徳川家康の支配下に戻すという意向を示した。家康との武力衝突を避けたい秀吉は、家康を懐柔するために真田氏を使おうとしていたのだろう。秀吉は昌幸に上洛を命じたが、昌幸は命令を無視しつづけ、上洛しようとしない。怒った秀吉は、昌幸を「表《ひょう》裏《り》比《ひ》興《きょう》の者*」と評し、討伐を考え始めた。しかし上杉景勝の嘆願などもあって、それは回避され、天正十五年三月、昌幸は上洛し、秀吉から所領の安堵を受ける。

昌幸は豊臣政権に大名として認められたわけだが、家康の与力《よりき》*大名とされた

現在の尼ヶ淵　上田城跡

＊ **沼田領**　岩櫃城を中心とする吾妻郡と沼田城を中心とする利根郡とをあわせて「沼田領」と称している。

＊ **表裏比興の者**　裏表のある油断ならない人物。

＊ **与力**　大名に属する武士。本来、力を与《とも》にして加勢する人を意味する語で、寄騎とも書いた。

ため、また「沼田領問題」が浮上する。北条氏は、秀吉に従属する条件として、家康との和睦の条件を実現すること、つまり「沼田領」の引き渡しを要求していた。秀吉は天正十七年春に、沼田領の三分の二を北条領とし、残る三分の一を真田昌幸に残すという裁断を下す。これは幸綱以来真田氏が関わってきた吾妻郡を真田領とし、近年攻略した利根郡を北条氏に渡せということだったようだが、昌幸は利根郡のうち名胡桃は「真田代々ノ墓所」だと主張し、真田領に残すことに成功した。

七月、沼田領三分の二が北条氏直に引き渡され、沼田城には北条氏邦の家老猪俣《いのまた》邦憲《くにのり》*が入城した。その後、邦憲ら北条勢が名胡桃城を急襲し、城将の鈴木主水《もんど》*が自害してしまう。これを「惣無事《そうぶじ》*」違反と見なした秀吉は、翌天正十八年、諸大名を動員して小田原城を包囲。北条氏を滅亡させる。昌幸は秀吉の指示に従い、北国勢とともに北条方の諸城を攻略し、その後の奥州仕置き（東北制圧）にも従事した。

昌幸は信濃上田三万八〇〇〇石、嫡男信幸が上野沼田二万七〇〇〇石を認められ、豊臣政権に石高相応の奉公をすることになった。文禄三年（一五九四）から本格化した伏見《ふしみ》城*の普請*では、石材の運搬や石垣の構築だけでなく、木曾から材木を運ぶことも課されている。また、上信両国は猛禽類の営巣地に恵まれていたこともあって、鷹狩りを好んだ秀吉に巣鷹《すたか》*を献上した。朝鮮出兵*にも動員されたが、渡海はせずに済んだ。

慶長五年（一六〇〇）、昌幸は石田三成《みつなり》*方（西軍）につき、上田に籠城し、徳川秀

---

* 猪俣邦憲（？〜一五九〇？）小田原北条氏の重臣富永氏の出身で、北條氏邦の家老。箕輪城代、ついで沼田城代となった。

* 鈴木主水（一五四八〜八九）真田昌幸の家臣で上野国利根郡名胡桃城代。猪俣邦憲と中山九郎兵衛との謀略により名胡桃城を乗っ取られ、逆襲しようとしたが果たせず切腹した。

* 惣無事　豊臣政権の私戦禁止令。秀吉は天正十三年（一五八五）関白就任と同時に、領土紛争を豊臣裁判権にゆだねることとし、すべて戦闘を私戦として禁止する政策を「惣無事の儀」とよんだ。

* 伏見城　京都市街の南東、伏見に秀吉が築いた城。秀吉は一五九二年、隠居城として巨椋池に臨む指月の地に普請を始めたが、一五九六年、大地震で城は崩壊。背後の木幡山に敷地を移し

長谷寺の真田昌幸墓所

忠軍と戦うことになる。この第二次上田合戦についても、次のⅡでみよう。関ヶ原で西軍が敗北すると、昌幸は上田を開城し、高野山に配流となった。その後、山麓の九度山《くどやま》＊で暮らしながら、赦免を願いつづけたが、慶長十六年六月四日、九度山で死去した。享年六十五。「長国寺殿一翁干雪居士」と号された。真田の長谷寺にある昌幸の墓は、父一徳斎の墓とならんでたっている。

て第二の伏見城が築かれた。

＊普請　あまねく人々に請い、力を合わせて労役に従事すること。室町時代には、土木工事のことをいうようになった。

＊巣鷹　鷹狩用にひなから飼養された鷹。

＊朝鮮出兵　文禄元年（一五九二）～慶長三年（一五九八）の、秀吉による朝鮮侵略戦争。朝鮮史では、壬辰・丁酉の倭乱という。

＊石田三成　（一五六〇～一六〇〇）近江坂田郡石田村（滋賀県長浜市）出身。奉行のひとりとして豊臣政権を支えた。治部少輔。

＊九度山　和歌山県北東部、高野山北麓の九度山町。高野山から流下する丹生川と紀ノ川の合流点南岸。高野山参詣路の要地。

四

信幸と信繁の経歴

信幸と信之

真田信幸は、永禄九年（一五六六）に昌幸の嫡男として生まれた。母は山之手殿。砥石城で生まれたという説もあるが、父昌幸は信玄の近習であったから、甲府で生まれ育ったに違いない。天正七年（一五七九）、勝頼の嫡男信勝《のぶかつ》*と同時に元服した可能性が高く、「信」の一字を与えられ、源三郎信幸と名のる。『真田氏給人知行地検地帳』にみえる「若殿様」は、信幸であろう。天正十年の武田家滅亡後は、おそらく矢沢頼綱（沼田城代）の指導を受けながら、岩櫃城代をつとめた。発給文書の初見は、天正十三年閏八月十三日、第一次上田合戦における戦果を沼田衆へ伝えた書状である。

最初の妻は、伯父真田信綱の娘（清音院殿《せいいんいんでん》）だった。これは父昌幸にとって必要な婚姻であったと指摘されている。昌幸は三男でありながら家督を相続することになった。しかも、長兄信綱と次兄昌輝には、すでに男子があったらしい。庶流だった昌幸が家督としての正統性を補強するために、嫡男信幸に先代信綱の娘を嫁がせたのだろうと考えられるのである。

天正十五年に父昌幸が豊臣政権に従うと、信幸も秀吉から大名と認められたとみ

＊ 武田信勝（一五六七～八二）武田勝頼の長男。織田信長の軍に攻められ、父とともに天正十年（一五八二）三月自害した。幼名は武王丸。通称は太郎。

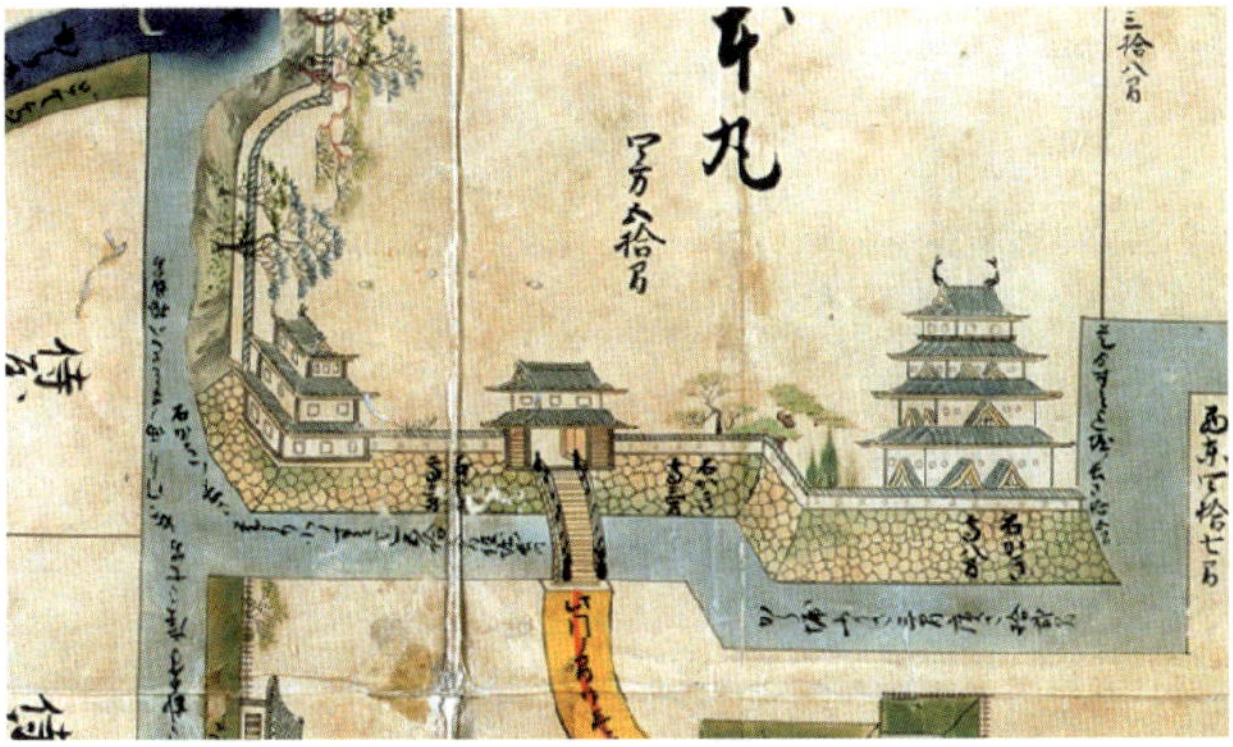

正保の上州沼田城絵図（部分）
国立公文書館蔵

られるが、父昌幸同様、徳川家康の与力とされた。天正十七年、秀吉の裁定に従い、沼田城と利根郡を北条氏直に渡すことになる。

家康の重臣本多忠勝《ほんだただかつ》*の娘（小松殿、大蓮院殿）を妻に迎えたのは、その頃のことだったと考えられる。嫡男信吉《のぶよし》を産んだのは最初の妻（清音院殿）だったはずだが、後世の系図は清音院殿を「家女」（侍女など身分の低い女性）などと記しているから、側室扱いになったのだろう。小松殿（稲姫）は、家康の養女として嫁いだとされることが多いが、のちに信幸の孫真田幸《ゆき》道《みち》*は「秀忠養女」と幕府に伝えており、はっきりしない。いずれにしても、江戸時代の真田家にとっては、将軍家の女性を正妻にしたということが重要だったのであり、そのためことさら家康や秀忠との縁を喧伝しようとしたのであろう。

沼田城に入っていた猪俣邦憲が、天正十七年十一月、真田方の名胡桃城を乗っ取ると、家康与力であった信幸はそれを

＊ **本多忠勝**　（一五四八〜一六一〇）徳川家康の重臣。通称平八郎。上総大多喜一〇万石を領し、のち伊勢国桑名一〇万石に転じた。

＊ **真田幸道**　（一六五七〜一七二七）真田信政の子。明暦四年（一六五八）二歳で信濃松代藩主となり、約七〇年間つとめた。

すぐに徳川家康に報告した。これが家康から秀吉に伝えられ、小田原合戦となる。天正十八年の小田原合戦では、父昌幸とともに前田利家・上杉景勝率いる北国勢(東山道軍)に加わり、忍《おし》*城攻めなどで活躍したという。北条氏滅亡後、信幸は沼田二万七〇〇〇石を認められている。

秀吉は、文禄二年(一五九三)九月、信幸を従五位下、伊豆守とした。翌文禄三年十一月、朝廷から口宣案《くぜんあん》*によって正式に補任されたが、その口宣案《くぜんあん》には、「豊臣信幸」とあって、秀吉から「豊臣」*姓を許されていたこともわかる。

文禄の役では、肥前名護屋《ひぜんなごや》*に在陣するが、父同様、朝鮮渡海を命じられることはなかった。父昌幸・弟信繁とともに伏見城の普請役も割り当てられている。伏見と大坂に屋敷をもったが、沼田城の整備も進めており、慶長元年(一五九六)頃に五層の天守も築いた。二万七〇〇〇石という石高には不相応な大天守で、秀吉から特別に許されたものであろう。慶長二年に正室小松殿が次男信政《のぶまさ》を産んだ。

慶長五年の関ヶ原の合戦で東軍が勝利したことにより、上田城を受け取った信幸は、上田領と沼田領、あわせて九万石以上の領国を支配する大名となったが、上田城は破却されていたこともあって、居城は沼田城のままとした。この頃から父昌幸と同じ「幸」の字を憚り、「信之」と改名している。慶長七年には真田主膳正《しゅぜんのかみ》(小山田之知《ゆきとも》*)に「之」の字の偏諱を与えているが、その後も数は少ないものの「信幸」と署名した文書を出した。祐筆の誤記などではなく、使い分けていた可能性が高く、

---

* **忍城** 埼玉県行田市にあった城。
* **口宣案** 本来は、天皇が口頭で命じたことを書き留めた職事《しきじ》(=蔵人頭)の手控え(案文)であったが、のちにはこれを交付するようになった。
* **豊臣** 豊臣秀吉に始まる姓氏。秀吉は一族のほか、諸大名にも「羽柴」や「豊臣」を授けた。
* **肥前名護屋** 佐賀県唐津市鎮西町。豊臣秀吉が朝鮮出兵の基地として天正十九年(一五九一)秋から築城。
* **小山田之知** (?〜一六三六) 小山田茂誠の嫡男。真田姓を許され、のちに小野姓を名のる。子の代に小山田に復姓し、子孫は松代藩次席家老を務める家柄として存続。

信之本人も「幸」の字に愛着を持ちつづけていたのではないだろうか。

信之は、昌幸の家臣も受け容れ、家臣団を再編制している。荒廃した上田領の復興も進め、逃散《ちょうさん》*した百姓に還住を呼びかけた。上田の城下町も整備し、中心市街地の原町・海野町で来客用の宿を定めたりもしている。吾妻郡は出浦昌相《いでうらまさすけ》*、利根郡は大熊《おおくま》勘右衛門尉*に検断《けんだん》（警察）を委ねるなど、領内行政の分掌も進めた。

松代城跡

信幸の正妻小松殿は、元和六年（一六二〇）二月、江戸から戻る途中、鴻巣《こうのす》*で没した。享年四十八。法名は「大蓮院殿英誉皓月大禅定尼」。この後、晩年の信之に寄り添い、奥向きを取り仕切ったのは、側室玉川氏（右京、清花院殿）であった。

松代へ

元和八年（一六二二）十月、上田六万五〇〇〇石から松代（松城）一〇万石に加増転封となった。松代は北信の要地でもあり、栄転であったが、代々守ってきた小県を離れることは切なかったに違いない。家臣の中にも松代に従わ

＊**逃散**　百姓が田畑を捨てて他所に逃れることをいう。

＊**出浦昌相**　（一五四六～一六二三）信州埴科郡出浦を本拠とした国衆で、武田氏時代から真田氏の与力となっていた可能性が高い。

＊**大熊勘右衛門尉**　大熊氏は、昌幸・信幸の筆頭家老のような地位にあった。

＊**鴻巣**　埼玉県鴻巣市。埼玉県のほぼ中央、都心から約五〇キロのところに位置する。

ず上田に残留したり、戻ったりした者がいる。

信之は当時としてはたいへんな長寿であった。しかし、その晩年は病に苦しむことが多く、さらに身内の不幸、とりわけ逆縁と向き合わなければならなかった。沼田城主だった嫡男信吉が寛永十一年（一六三四）に急逝する。まだ四十歳前後だった。その跡は信吉の嫡男で信之の孫熊之助が相続したものの、熊之助はまだ四歳であったから、信吉の弟信政が後見することになった。ところが、熊之助も寛永十六年にわずか七歳で早世したため、信政が沼田城主となる。

その後、藩政が落ち着きをみせると、信之は幕府に隠居することを認めてほしいと願い出ているが、幕府は信之を「天下ノカサリ《の飾り》」であるとして却下しつづけた。外様とはいえ信之の忠節や戦国を生き抜いた豊かな経験は、並みいる大名のなかでも抜群だと評価されていたのであろう。九十一歳となった明暦二年（一六五六）、ようやく幕府の許可が下り、松代一〇万石を次男信政に譲り、沼田三万石を信吉の子で熊之助の弟信利《のぶとし》（信直とも）に与え、みずからは隠居する。

ところが、信政が明暦四年（万治元年）二月に死去してしまい、遺言で信政の子幸道《ゆきみち》が家督を嗣ぐことになったが、幸道はまだ二歳であった。そこで、二十四歳になっていた沼田藩主の信利を家督にしようとする動きがあらわれる。信利の生母は信吉正室で時の老中酒井忠清《ただきよ》*の叔母にあたることから、忠清からの圧力もあったらしい。信之は幕閣の権力が真田家中に入りこむことを危ぶんでいたのだろう。当初

＊ 酒井忠清 （一六二四～八一）江戸幕府の大老。上野国前橋城主。承応二年（一六五三）、老中に任ぜられ、寛文六年（一六六六）、大老。酒井は徳川譜代最高の名門で、歴代元老の地位にあった。忠清の時代は門閥の権威が増大し、将軍家綱は病弱、前代の遺老が相次いで死去あるいは老衰したので、忠清は権勢をほしいままにした。

は信利派が優勢だったようだが、信之が信政の遺言を尊重し、幸道を後見すると表明すると形勢は逆転したのである。真田家中五百余人が幸道擁立の誓詞に連署血判し、同年六月、幕府も幸道の家督相続を認めた。

信之はこの難局を乗り切ると、七月に剃髪して一当斎と号したが、翌月から体調

高野山蓮華定院の真田家墓所
右が信之、左が信政。

松代の長国寺にある真田信之霊廟

を崩し、十月十七日に死去した。享年九十三。法名は「大鋒院殿徹巌一当大居士」。松代藩の真田家は、この幸道のあと幕末まで存続するが、沼田藩は信利の失政によって、天和元年（一六八一）、改易となった。

信繁　信幸の弟真田信繁は、一般に「幸村」の名で知られるが、幼名を弁丸、元服して源次郎信繁と名のった。生前に「幸村」と名のったことが証明できる確実な史料は見当たらない。「幸村」の名がみえるのは、寛文十二年（一六七二）成立の『難波戦記』からだが、この頃すでに流布していた名をとりいれたのか、この時に創作されたのか、わからない。

信繁の生年も確定できない。『真田家御事跡稿』の『左衛門佐君伝記稿』に、大坂の陣で討ち死にした時、四十九歳だったとあるから、逆算して、永禄十年（一五六七）生まれが通説となっている。しかし、同書は、真田家の菩提寺長国寺の過去帳に享年四十六とあることも記しており、それに従えば、元亀元年（一五七〇）生まれであった。

天正十年（一五八二）、木曾に抑留されることになった弁丸は、河原綱家に仮名書きの手紙を出している。丸島和洋氏はこの書状に注目し、仮名の書状は子どもか女性の場合が多いこと、元亀元年生まれだとしても、この時、数えで十三歳。書状の内容は単純で、子どもが必死に書いたようにみえることから、信繁の年齢はもう少し下なのかもしれないと推測する。

同年九月、あるいは翌天正十一年の二月には、木曾から戻ったとみられるが、天正十三年、昌幸が上杉景勝に従うさい、また人質に出された。丸島氏は、同年六月の書状がまだ幼名「弁」のまま、すなわち元服前であることにも着目し、永禄十年生まれだとすればこの時十九歳で年をとり過ぎだが、元亀元年生まれであれば十六歳で許容範囲とみる。しかし、元服の年齢はさまざまな事情により前後するので判断が難しい。第一次上田合戦時、上杉方の須田満親《すだみつちか》*が矢沢頼幸《やざわよりゆき》*に宛てた書状で、人質を「御幼若之方」と称している。通説では、これが信繁（弁丸）だとされるが、十六〜十九歳で「御幼若之方」は無理があり、平山優氏や黒田基樹氏はこれらを勘案して、生年は元亀三年あるいは天正元年頃までくだるのではないかと指摘している。寺島隆史氏は、そもそも同書状の「御幼若之方」は信繁ではなく、矢沢頼幸の子弟であろうとみており、信繁の年齢を考える手がかりとしない。今後も検討が必要だろうが、いずれにしても、生まれた場所は甲府だったに違いない。

天正十五年、信繁は秀吉のもとに人質として出されたとされ、そのさい、昌幸は越後の春日山城から秘かに信繁を奪取して、秀吉のもとに送ったという話もある。しかし、上杉景勝はすでに秀吉に従っており、昌幸も秀吉から大名として扱われていたから、真田氏が上杉氏に人質を出す理由はなくなっていた。また、昌幸は正室の山之手殿を人質に出しており、信繁は秀吉の直臣として遇されるようになったとみられる。

＊須田満親（一五二六〜九八）信濃国高井郡の国衆で越後上杉氏家臣。越中方面の総指揮官として魚津城主となるが、信濃海津城代に転じ、上杉領の北信四郡を任された。

＊矢沢頼幸（一五五三？〜一六二六）信州小県郡の国衆で、真田氏の重臣。矢沢頼綱の嫡男。

信繁は、当初は伏見城下、のちには大坂城下に屋敷をもち、そこで生活していたはずだが、天正十八年の小田原合戦には従軍していた可能性が高い。文禄の役にさいしては、肥前名護屋に秀吉の「馬廻《うままわり》」*として参陣している。さらに秀吉は、兄信幸と同じ文禄二年（一五九三）九月に、信繁を従五位下、左衛門佐《さえもんのすけ》とした。翌文禄三年十一月二日に口宣案が出されているのも、そこに「豊臣信繁」とあって、「豊臣」姓を与えられているのも兄と同じである。そして、この頃、大谷《おおたに》吉継《よしつぐ》*の娘（竹林院殿）を正室とした。信繁はすでに堀田興重《ほったおきしげ》*の妹と高梨内記《たかなしないき》*の娘を側室とし、子をもうけていたが、豊臣政権の有力奉行である大谷吉継と姻戚関係をもったことは、その後の信繁に大きな影響を与えたにちがいない。

父昌幸・兄信幸とそろって伏見城の普請役を割り当てられていることからも、信繁は一大名として扱われていたと考えられよう。丸島和洋氏は、この普請役の人数から、当時の信繁の所領は一万九〇〇〇石程だったのではないかと概算している。

慶長五年（一六〇〇）の関ヶ原の戦いで、信繁は父昌幸とともに石田方（西軍）に

伏見城跡出土金箔瓦

---

* **馬廻**　常に大将たる主人の周囲にあって護衛の任にあたる。中世以降、武士の家にみられるもので、武技に優れたものが集められた。

* **大谷吉継**　（一五五九～一六〇〇）秀吉に近侍し、賤ヶ岳の戦に軍功をあらわし、九州征伐には石田三成らと兵站奉行を勤め、越前敦賀の城主に封ぜられて、五万石を領した。

* **堀田興重**　（?～一六一五）真田昌幸・信繁の家臣。作兵衛。関ヶ原合戦後は、上田に残ったが、大坂冬の陣にさいして信繁のもとに馳せ参じ、翌年夏の陣で戦死。

* **高梨内記**　（?～一六一五）真田昌幸の近臣。北信の国衆高梨氏の出身と考えられるが、いつから昌幸に仕えたかは未詳。高野山に蟄居した昌幸・信繁に従い、信繁とともに大坂に入り、夏の陣で討死。

紀州九度山の真田庵

ついたが（第二次上田合戦）、西軍が敗れたため、信繁は父とともに高野山に蟄居《ちっきょ》の身となり、その後、山麓の九度山に身柄を移されている。ここで子に恵まれたが、生活は苦しかったらしく、父昌幸の書状を代筆したさいには「大草臥《くたび》れ者」になったと記し、姉婿小山田茂誠《おやまだしげまさ》*に送った書状では「去年よりにわかに病者になり、歯も抜け、髭も白きは少なく候」と述べている。焼酎*を好んだらしく、信之の家臣に手配を依頼している。また、連歌《れんが》*をたしなんだが、「老いの学問であるので上達しない」となげいている。九度山において剃髪し、「好白」と号した。慶長十九年、大坂城に入り、翌年戦死するが、それはつぎのIIでみることにしよう。

---

* **小山田茂誠**　（一五六一～一六三七）真田昌幸の長女村松殿の婿。真田姓を許された。甲斐都留郡の国衆郡内小山田氏の出身。関ヶ原合戦時には、昌幸に従って上田に籠城したが、その後は信之に仕えた。

* **焼酎**　琉球・薩摩の焼酎は、米あるいは雑穀を原料として麹を加えて仕込む「醪《もろみ》取り」であったが、一七世紀には他地域にも普及して、清酒の搾り粕《かす》を蒸留する「粕取り」も行なわれた。

* **連歌**　五・七・五・七・七の和歌形式を複数の者が応答してよむ詩歌。また、そういう詩歌を作ること。

五 真田氏の肖像画

神と化した真田父子

松代の大鋒寺《だいほうじ》*は、信之を開基とする寺院で、信之の霊廟のほかに阿弥陀三尊像、そして信之の木像と画像などが安置されている。松下愛氏の研究により、この画像は信之が存命中に作成を命じたもので、信之の葬儀に使用されたことがあきらかになった。信之の寿像《じゅぞう》として、実に貴重な一幅である。

信之像は、この大鋒寺本以外にも大英寺《だいえい》*本、真田宝物館本、原氏所蔵本が知られており、松下氏はそれらを

真田信之像　大鋒寺所蔵

＊大鋒寺　長野市松代町柴。曹洞宗真田林大鋒寺。信幸は晩年柴村に隠居所を建て住んだが、死後、その遺言によって隠居所の材木を用いて本堂などを建立した。

現在の大鋒寺

＊大英寺　長野市松代町柴の浄土宗寺院。信幸が夫人（大蓮院殿）の菩提を弔うため小県郡諏訪部に建立。松代移封に伴い、現在地に再建。

比較して、それぞれの成立事情をあきらかにしている。いずれも大鋒寺本を原画として、江戸時代末期以降に写されたものだが、注目したいのは、三本とも神として信之を描いていることである。一八世紀中期以降、諸藩で先祖を顕彰し、藩祖や中興の祖を神格化し、崇拝する動きが活発になったが、松代も例外ではなかった。文化十年（一八一三）、七代藩主真田幸専《ゆきたか》*のもとで信之は「景徳大明神」と号され、氏神白鳥大明神*とともに崇拝されるようになる。さらに、八代真田幸貫《ゆきつら》*も両神に対する崇敬が篤く、文政七年（一八二四）には、信之の神号を「景徳《けいとく》大明神」から「武《ぶ》靖《せい》大明神」に変更した。大英寺本の箱書は「武靖大明神」で、文政七年以降、信之＝武靖大明神として崇拝されていたものであろう。真田宝物館本は、四宮大明神像*と同箱で、その箱書には「武靖大明神　四宮大明神　御画像　滋野幸貫謹写之」とあって、やはり文政年間以降、氏神と藩祖を崇拝する藩主幸貫みずからが写した画像であった。原氏所蔵本の箱書は「信之公御神像」で、やはり「神像」である。写されたのは幕末、嘉永元年（一八四八）以降とみられている。

この原氏所蔵本が、父昌幸と弟幸村（信繁）の画像とセットだということに注目したい。その昌幸像の箱の蓋裏に貼紙があり、次のように書かれている。

此ノ三幅（幸村公、信之公）は殿町恩田新六（木工の後）ノ家に伝ヘタル原図ニヨリ岩野画工青木雪卿写ス所ナリ

原家は、武田家旧臣原美濃守虎胤《とらたね》の子孫で、虎胤の孫が真田昌幸に仕えて「昌」

---

* 真田幸専（一七七〇〜一八二八）近江彦根藩主井伊直幸の四男。真田幸弘の養子となり、寛政十年（一七九八）に信濃松代真田家の七代藩主となる。

* 白鳥大明神　長野市松代町西条の舞鶴山に鎮座。小県郡海野村にあったが、寛永元年（一六二四）、真田家祈願所の開善寺とともに現在地に移した。

* 真田幸貫（一七九一〜一八五二）白河藩主松平定信の次男で、真田幸専の養子となり、文政六年（一八二三）家督を継ぎ、信濃国松代藩主。藩政改革を実施。天保十二年（一八四一）老中に登用され、海防掛として異国船打払令を撤回。

* 四宮大明神　真田幸貫は、白鳥大明神を四宮大明神と改め、嘉永五年（一八五二）白鳥大明神に復した。

上田市立博物館の真田幸村像（A本）
上田市立博物館蔵

蓮華定院の真田信綱像
通称「真田幸村像」、高野山蓮華定院蔵

の一字を給わり昌貞《まささだ》と名のり、昌貞の子之昌《これまさ》は信之の家臣になったと伝えられている。この画像は松代藩の家老であった恩田家に三幅セットで伝来していた原図を、原家が幕末に活動していた画工青木《あおき》雪卿《せっけい》に写させたものだった。昌幸像も幸村像も、箱の表書は「御神像」となっており、昌幸・信之・幸村の三人があわせて神格化されていたことがわかる。

江戸後期、藩祖信之だけでなく、幸村（信繁）も崇拝の対象になっていたことは、小山田家の刷り物からもうかがえる。松代藩次席家老の小山田家は、信繁の姉村松殿が嫁いだ小山田茂

上田市立博物館の真田幸村像（A本）
部分拡大、上田市立博物館蔵

蓮華定院の真田信綱像
部分拡大、高野山蓮華定院蔵

誠からつづく家で、先ほどみた茂誠宛の信繁書状を伝えていた。興味深いことに、文久三年（一八六三）、時の小山田家当主之堅は、信繁書状二通を刷り物にして小山田一門に配っている。これも、信繁（幸村）が神格化されていたことをふまえれば理解しやすい。

幸村像の像主は信綱か

現在、真田昌幸像および信繁（幸村）像として知られている画像も、原氏所蔵本のほか、真田宝物館本

高野山蓮華定院

（某個人旧蔵）、上田市立博物館A本（某個人旧蔵）、同博物館B本（柘植氏旧蔵）など、何本か写しがある。いずれも、昌幸像と幸村像がセットで伝来している点が興味深い。そしてそれらの原画とみられるのは、高野山蓮華定院所蔵の画像である。

まず、幸村像として知られている画像から比較してみよう。蓮華定院本は、裃《かみしも》*の紋様や刀の目貫《めぬき》*などが丹念に描かれており、目貫や扇の金も鮮やかである。ところが、写しの方は裃の紋様が略され、目貫もみえない。顔を比較すると、蓮華定院本にはうっすらと下顎髭が描かれているのに対して、写しには描かれていない。これらからも、現在知られている諸本はいずれも蓮華定院本の写本であることがあきらかであろう。

一九八〇年代から寺島隆史氏が指摘していることだが、この蓮華定院本は、信繁（幸村）像ではない。その箱には「真田源太左衛門信綱侯御画像　一心谷蓮華定院」と墨書されており、信繁の伯父信綱の画像として蓮華定院に伝来したものである。つまり、他の諸本は信綱像を写したものであるが、幸村像として受容されているの

蓮華定院の真田信綱像
（通称「真田幸村像」）
箱書、高野山蓮華定院蔵

＊**裃**　武家の衣服の一種。本来、同質同色の上・下対になったものを総じて上下とよんだ。室町時代に、素襖の袖を取り除いた肩衣と袴の組合せが公服化した。初期の肩衣は襞もなく、肩幅も狭かったが、江戸時代になると肩を張るように襞を深くとって仕立て、礼装とされた。麻布製を正式としたが、上流武家の間では絹のものも用いられた。

＊**目貫**　刀剣の柄（握る部分）につける装飾金具。目抜とも書く。本来は刀剣の茎孔《なかごあな》へ通して柄を留める目釘の上を飾ったもの（目とは孔のことで、これを貫く意）であったが、近世に入って目釘と目貫は分離し、目貫は刀装（拵の装飾）となった。

であった。

蓮華定院の信綱像はいつ描かれたものだろうか。一九八七年に表具が一新されていることもあって傷みが目立たず、古い絵のようには見えないが、この蓮華定院本も古い原画を写したものかもしれない。信綱は真田家の当主だった人物であるから、蓮華定院で供養されるに相応しい。江戸時代に真田家中の人が供養のために描かせ、奉納したものかもしれないが、そうであれば、箱書には「信綱俟」という実名ではなく、「信綱寺殿」などの院殿号が用いられたはずである。今のところ製作年代も奉納者も、今後の検討課題とせざるを得ない。

昌幸像の像主は信幸

真田昌幸像も、原氏所蔵本、真田宝物館本（某個人旧蔵）、上田市立博物館A本（某個人旧蔵）、同博物館B本（柘植氏旧蔵）、いずれも高野山蓮華定院の画像を原画とする写しである。こちらも寺島氏が指摘しているとおり、蓮華定院本の箱書によれば、この画像は昌幸像ではなく信幸像であったという。蓮華定院には信幸の墓所と位牌も現存する。この画像は満面にシワが刻まれた老人の姿を描いており、六十五歳でこの世を去った昌幸よりも、九十三歳まで生きた信幸を描いたとすれば理解しやすい。

たしかに、蓮華定院本の筆の緻密さは、他の諸本と比較してみると圧倒的である。この画像は、想像以上に小さく、縦二〇・四チセン、横一四・五チセンしかない。しかも、紙ではなく絹に描かれている。三チセン弱の小さな顔部ながら、皺や髭、鋭い目つきは、

蓮華定院の真田信之墓所

戦国時代を生き抜いた信幸の面目躍如というべき風貌で、その描写力たるや写本との差は歴然であろう。腰刀《こしがたな》の柄巻《つかまき》や着物の模様も、実に緻密に描かれている。

この蓮華定院本が、世に流布している昌幸像諸本の原画であること、そして描かれているのが信幸であることは確実である。この画像は、もう一本の画像とともに一つの箱に入っており、その箱蓋の表には、「大鋒院殿／清花院殿　画像」と書か

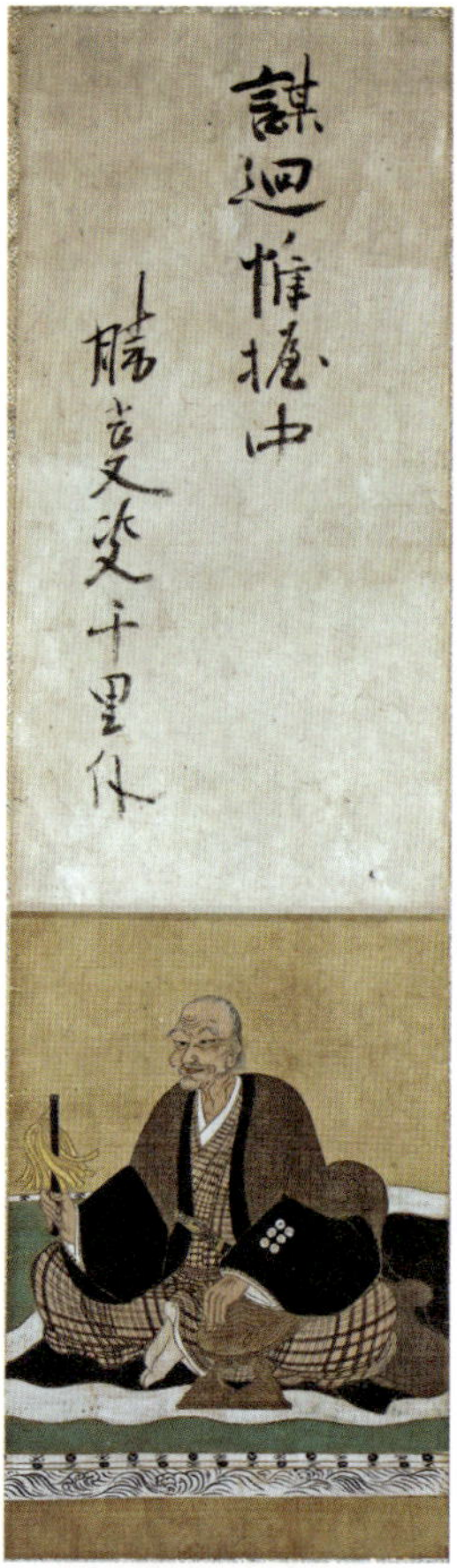

蓮華定院の真田信幸像
通称「真田昌幸像」、
高野山蓮華定院蔵

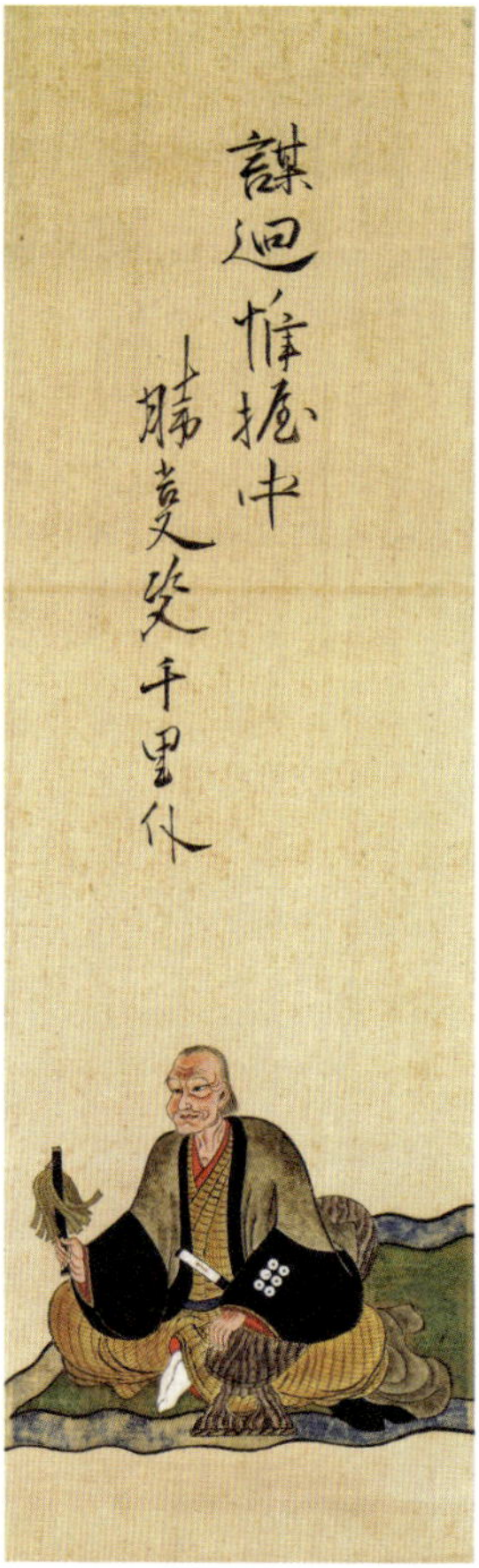

上田市立博物館の真田昌幸像
（A本）
上田市立博物館蔵

上田市立博物館の真田昌幸像（A本）
部分拡大、上田市立博物館蔵

蓮華定院の真田信幸像
部分拡大、
高野山蓮華定院蔵

蓮華定院蔵信幸像・右京像の箱蓋表書
高野山蓮華定院蔵

れていた。「大鋒院殿」は信幸、「清花院殿」は信幸の側室玉川氏（右京）の院殿号である。この両幅も一九八七年に表具を一新されているが、旧表具と箱が保存されており、それらの寸法は合致している。何より確かな証拠として、旧箱蓋の裏につぎのような銘があることを見のがせない。

大鋒院殿従五位下伊豆守真田滋野信幸朝臣像
　讃自筆
清花院殿平井源亀子像〈玉川伊予守源正行女〉
　讃自詠自筆以剃髪手自縫
後代為慕両君者納之〈紀州臣〉玉川伊右衛門尉源正武

納められているのは信幸と右京の画像であること、奉納したのは右京と同じ玉川氏で、紀州藩の家臣となっていた玉川正武《まさたけ》だったことがわかる。

さらに、信幸像の頭上に貼り継いである讃《さん》＊が、信幸の自筆だという。筆跡から信幸自筆かどうかを判断するのは難しいが、現在知られている信幸の筆跡と比較しても違和感はなく、自筆の可能性が高いだろう。画像は

蓮華定院蔵信幸像・右京像の箱蓋裏書銘
蓮華定院蔵

蓮華定院蔵信幸像・右京像の箱と旧表具の包み
同前蔵

＊**讃**　絵のかたわらに、その絵を題として、あるいはその絵にちなんで書かれた詩、歌、文章。

絹本《けんぽん》だが、讃の部分は紙本であること、画像の幅が一四・五センチしかないことから、まず讃となる信幸の墨跡があり、貼り継いで一幅に仕立てるため、墨跡の幅に画像の幅を合わせたのではないだろうか。他の諸本は、讃と画像を同一の紙または絹に描いており、このことからも、蓮華定院本が原本であることはあきらかである。

讃「謀廻帷幄中勝事決千里外《はかりごとをいあくのうちにめぐらしかつことをせんりのほかにけっす》」は、漢の高祖が張良の才能を評した言葉で、『史記』*（高祖本紀）あるいは『漢書』*（高帝紀）にみえる。本営において作戦をたて、遠く離れた戦場で勝利するという意で、戦略の巧妙なこと、計画や謀に優れていることをいう。従来、昌幸のイメージと結びつけられてきたが、信幸が理想とする戦い方を揮毫したものかもしれない。

清花院殿がこめたもの

信幸像は、清花院殿（信幸側室の玉川氏、右京）の肖像とセットであった。清花院殿像の大きさは、縦二五・一センチ、横一二・七センチと、信幸像よりもさらに幅が狭い。繊細な筆で端正な老婦人の肖像を描き、その頭上につぎのような讃と詠《えい》*がある。

みた頼むこゝろハにしにありあけの
月にね覚のあけほのゝ空　　清花院正岳　妙貞
南無阿弥陀仏

箱蓋裏の銘によれば、この詠と讃は右京の自筆だという。画像と詠・讃が同じ一枚の絹に描かれていること、後述する毛髪の縫い込みがあることなどから、右京存

＊『史記』　中国の正史。一三〇巻。前漢の司馬遷撰。黄帝から前漢の武帝にいたる紀伝体の史書で、漢書をはじめ後世の正史、日本の『日本書紀』などの模範となった。

＊『漢書』　中国の歴史書。正史の一つ。一〇〇巻。後漢の班固著。高祖から平帝までの二三一年間を紀伝体で記した書。『史記』とともに中国の史書を代表する。

＊詠　詩歌をつくること。また、その詩歌。

命中に描かれた画像だと考えられよう。

清花院殿の名は「平井」「亀子」だった。山中さゆり氏のご教示によれば、「平井」というのは、玉川氏の旧姓らしい。『本藩名士小伝《ほんぱんめいししょうでん》』*第三巻に、玉川伊予守秀《ひで》正《まさ》に関するつぎのような記述がある。この人の父は近江国新荘の城主だった平井備《びっ》中守《ちゅうのかみ》という人物で、父子とも織田の家臣だった。秀正は本能寺の変の後、秀吉に仕えて豊臣秀長《ひでなが》*に付され、秀長死去後は増田長盛《ましたながもり》*の組下となって朝鮮出兵にも従軍したらしい。後に、近江に蟄居していたところ信幸に招かれて、玉川と改名し、家

蓮華定院蔵清花院殿（右京）像
同前蔵

*『本藩名士小伝』 河原綱徳が、『御事蹟稿』編纂の過程で蒐集した真田家の家臣についての情報をまとめた書物。

* 豊臣秀長 （一五四一～九一）豊臣秀吉の異父弟。秀吉の片腕として山崎の戦、賤ヶ岳の戦、小牧・長久手の戦に従軍。紀州一揆弾圧後の紀伊経略、四国征伐で大役を果たし、大和・紀伊に和泉・伊賀の一部を加えた一〇〇万石を領し、大和郡山を居城とした。秀吉および諸大名の信望もあつく、豊臣政権下で枢要の位置を占めた。

* 増田長盛 （一五四五～一六一五）豊臣家五奉行の一人。関ヶ原の戦には西軍に加わり、大坂城で留守居。高野山追放後、武蔵岩槻に預けられたが、大坂の陣で子盛次が入城していたため死を命ぜられた。

臣となったという。この秀正の子が、玉川織部《おりべ》と右京である。織部には実子がなく、甥にあたる左門《さもん》*を養子に迎えたが、後に実子が生まれた。信幸死去の後、織部・左門ともに浪人となったが、左門は松代藩に戻り、織部の実子である伊右衛門は紀州へ召し抱えられたという。

秀正は、承応元年（一六五二）に八十八歳で亡くなったらしいから、朝鮮出兵の頃は三十代で、亀子（右京）は京都か大坂で生まれ育った可能性が高い。最初の妻が伯父真田信綱の娘、つぎに三河武士本多忠勝の娘を妻とした信幸にとって、上方で生まれ育った右京は魅力的だったのかもしれない。なお、箱蓋裏には「玉川伊予守源正行女」とあり、「秀正」ではない。「正行」と「秀正」の関係は不明だが、「玉川伊予守」は一致しているから同一人物で、改名したのだと考えられよう。

大鋒寺信之墓所灯籠刻銘
（拡大写真）

紀州に召し抱えられた「伊右衛門」こそ、蓮華定院に画像を奉納した玉川正武であった。正武が、信幸を慕っていたことは確かなようで、松代の大鋒寺の信之廟所境内に、「献主紀州臣／玉川伊右

大鋒寺信之墓所

＊ 左門　越前国丸岡の野中市兵衛の次男。

衛門尉源正武／延宝二暦正月十七日」と刻まれた灯籠《とうろう》がある。延宝二年（一六七四）に正武が奉納したものにほかならない。右京は、寛文十一年（一六七一）十一月に死去したと伝えられているから、画像が蓮華定院に奉納された時期も、寛文末年から延宝初年頃のことだった可能性が高いだろう。

興味深いのは、清花院殿像の「剃髪をもって手ずから縫う」すなわち、おろした髪毛をみずからの手で縫いこんだということである。確かに、清花院殿像の讃「南無阿弥陀仏」と詠には毛髪らしきものが縫いこまれている。また、保存されている旧表具をみると、画像の天部に着物の端切れのような美麗な布が用いられている。おそらく、右京が剃髪前に着ていた艶やかな衣装の一部だったのだろう。

『真田家御事蹟稿』は右京について、信之死去後は松代を離れ、京都に移り住んだと伝えているが、この二幅には生涯かわらなかった信幸への想いがこめられているのかもしれない。最晩年の信幸を描いた画像と自筆が貴重であることはもちろんだが、自画像に髪を縫い込

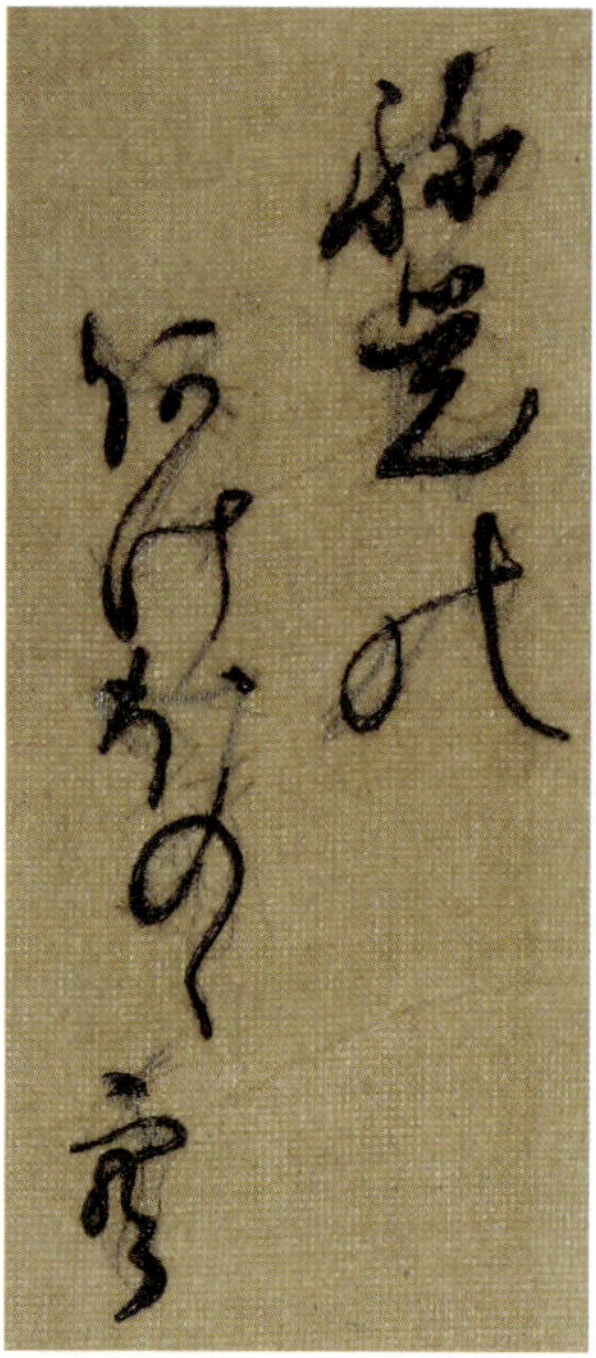

蓮華定院蔵清花院殿（右京）像の詠と縫い込まれた毛髪
同前蔵

蓮華定院蔵清花院殿（右京）像の旧表具
同前蔵

んだ右京や二人を慕った玉川正武の気持ちを考えれば、信幸を描いた画像を父とはいえ別人である昌幸の画像とするのは忍びない。

神格化と像主

信綱像が、いつから、どうして幸村像とされるようになったのだろうか。また、信幸像はなぜ昌幸像として写され流布したのだろうか。

先ほどもみたように、七代藩主幸専の時には松代藩でも藩主の先祖を顕彰・崇拝する気運が高まっていた。その頃には、すでに幸村と昌幸の人気は不動のものになっており、真田家が幕府に対して信繁の名を「幸村」と報告するほどだった。真田家の重臣たちの間で、信之と昌幸・幸村をあわせて尊崇されるようになり、その神像が求められるようになったのだろう。藩祖信之については、大鋒寺の由緒正しき画像があった。ところが、昌幸・幸村の画像はない。そこで、真田家ゆかりの蓮華定院に伝わる画像の写しが流布したのではないだろうか。

真田家の当主だったとはいえ、後世語られることが少なかった信綱の肖像よりも、幸村の像が必要だった。幸村（信繁）の官途名が「左衛門佐」であったことはよく知られていたから、蓮華定院本の箱書「真田源太左衛門信綱侯御画像」の「左衛門信綱」が「左衛門佐信繁」と、見間違えられた可能性もあろう。

信幸像が昌幸像とされた理由の一つは、頭上の讃「謀廻帷幄中／勝事決千里外」かもしれない。戦略の巧妙なことを評したこの言葉は、権謀術数の策略家という評価がついてまわる昌幸にこそふさわしく、天寿を全うした実直な藩祖信之には似つかわしくないと思われたのではないだろうか。江戸後期の人々には、描かれている容姿も藩祖にふさわしくないと感じられたかもしれない。衣冠束帯で太刀を佩いた大鋒寺の画像とくらべ、日常着で采配を握るという独特な姿。深く刻み込まれたシワ、白髪まじりの蓬髪《ほうはつ》、のびて垂れた眉、もみあげからつづく髭なども、大鋒寺本の端正な面貌にはみられない。采配も不精髭も、昌幸ということであれば許容されたのであろう。

蓮華定院の信幸像の写しを昌幸像とすることは、真田家も公認*していた可能性がある。『真田家御事蹟稿』の『大鋒院殿御事蹟稿』巻九には、右京が蓮華定院に「自画ノ像」を納めたという記述があり、そこには清花院殿像の詠と讃が正確に引用されているばかりか、「自詠自讃自筆ニテ、剃髪ヲ以テ自ラ縫シ」、「裏書／清花院殿源亀子像　玉川氏」と、箱蓋裏の銘の一部が引用されている。画像と箱を実地に調査したとすれば、同じ箱に収められている信幸像も見た

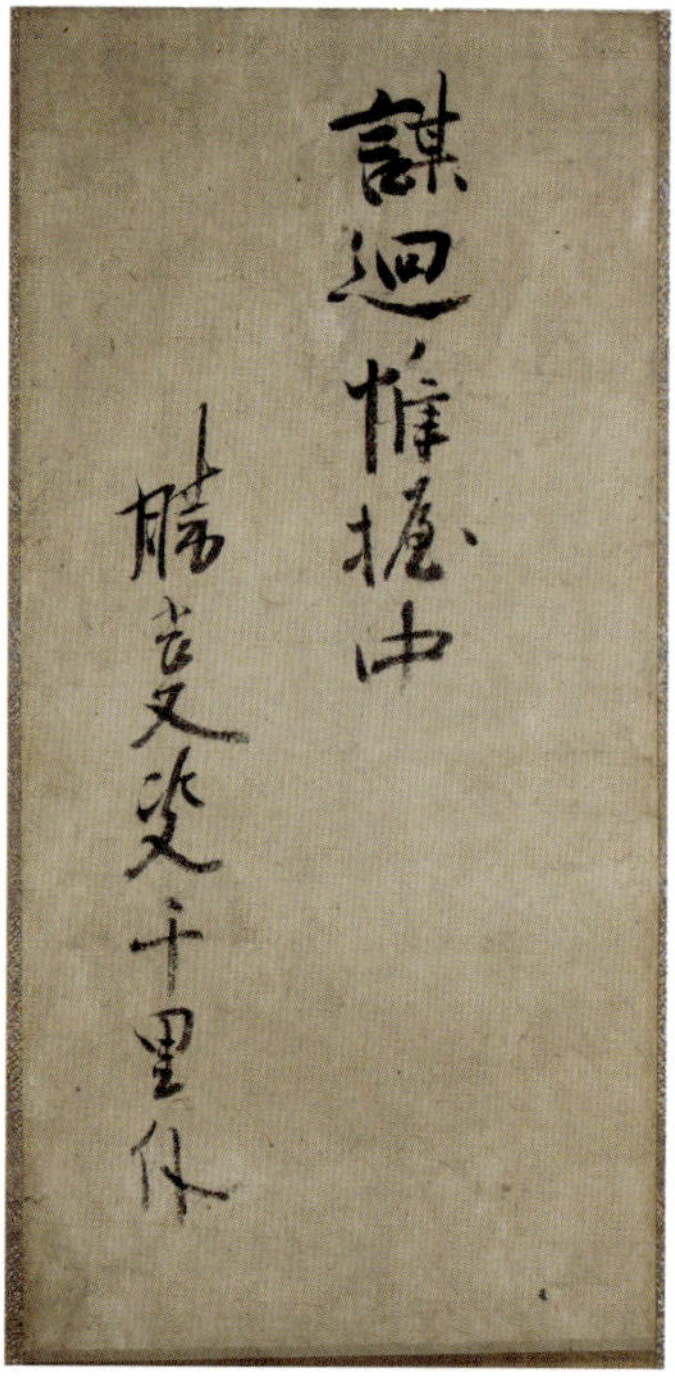

蓮華定院蔵信幸像の自筆讃
同前蔵

＊**公認**　松代城の藩主御殿（花の丸）御宝蔵に収納されていた道具類を書き上げた江戸時代後期の目録に、「天真院様御筆／一昌幸公御影」とある。「天真院」は六代藩主だった真田幸弘《ゆきひろ》で、彼が描いた昌幸の画像があった。明治以降、真田家の道具類は松代の真田家別邸（真田邸）で一括管理されていたが、昌幸像は、大正時代に写真撮影され（原田和彦氏のご教示による）、東京大学史料編纂所によって模写された。同所の模写本（波—55）によれば、その昌幸画像には、「□□□□握中／□□□里外」という賛文があり、あきらかに蓮華定院の信幸像を写したものである。六代藩主幸弘が信幸像と認識して写したのか、昌幸像として描いたのかは、今後の検討課題だが、すでにその頃、松代藩主が蓮華定院の

はずである。『真田家御事蹟稿』の編纂者たちは、蓮華定院の信幸像について知っていた。ところが、『真田家御事蹟稿』は、蓮華定院の信幸像に言及していない。これは、意図的に記述されなかった可能性が高いだろう。同画像が藩祖信之の画像としてふさわしくないと判断されたのか、あるいは、すでに同画像の写しが昌幸像として利用されていることに配慮して、記載が見送られたのか。これも今後の検討課題である。

信幸像の存在を認識していたことはまちがいない。

コラム

名胡桃は「墳墓の地」？

上州沼田領（利根・吾妻）の領有をめぐって対立していた真田昌幸と北条氏に対し、天正十七年（一五八九）、豊臣秀吉は利根郡の沼田城を中心とする三分の二を北条領、岩櫃城を中心とする三分の一を真田領とする裁定を下した。昌幸はこの裁定にさいして、利根郡のうち名胡桃は祖先の墓があるため渡せないと主張し、名胡桃城は真田のものと認めさせたという。その後、北条方がこの名胡桃を奪取し、小田原合戦の引き金となる。享保十六年（一七三一）に松代藩が真田家の系譜・事蹟をまとめた『真武内伝《しんぶないでん》』にも、「沼田ノ内名来美《なくるみ》ハ真田代々ノ墓所ナレバ真田ニ可賜《たまうべし》」と記されており、元文五年（一七四〇）頃成立の『武徳編年集成《ぶとくへんねんしゅうせい》』にも、「同所三分一奈久留美ノ城共ニ真田祖考ノ廟所《びょうしょ》アル故、昌幸無相違《そういなく》領地スベキ」とあって、先祖の墓所であったから名胡桃が真田領となった話は、江戸時代にもよく知られていた。しかし、『真田家御事蹟稿』の編者河原綱徳《かわはらつなのり》は、「御祖考ノ御廟ノアルベキ謂《いわ》レナシ」と疑っており、現地調査をしたがその痕跡もなく、あるいは「太閤ノ計策」すなわち秀吉が北条氏を牽制するための口実であったかと推理している。これについて、現在の専門家たちの見解をみてみよう。

①a　この地が、真田氏の「墳墓の地」という事実はなく、沼田城至近の要衝名胡桃城を何としてでも確保しておきたかった昌幸の虚言であった。秀吉も北条家従属を優先させ真田家に無理をいう割譲問題だから、昌幸の要求に折れたらしい（丸島和洋説）。

①b　昌幸の主張は事実ではないが、墳墓の地という主張が認められたのは、この頃、墳墓の地は政治的な譲渡の対象から逃れられるほど強い主張で、社会から容認されていた（笹本正治説）。

②「真田代々の墓所」のため留保されたとする逸話は、後世に成立した『北条記』などにみえるものの、『加沢記《かざわき》』など真田方の記録にはみえないので史実としては採用できない。同城が留保されたのは、早い時期から真田氏の拠点になっていたことが配慮されたのであろう（黒田基樹説）。

③「真田墳墓の地」という主張がでたらめであったら、現地の証言者に反論されただろうが、北条方からそのような反論はなされていない。これは主張に何らかの根拠があったことを示しているのではないか。真田氏の祖先は実は上野国出身で、信濃国の真田郷に勢力を張り、やがて海野氏との繋がりを重視し、上野国での祖先の痕跡を消していたのではないか（平山優説）。

②で指摘されているとおり、この話については後世の史料しかないのだが、後述するように、昌幸が名胡桃を「墳墓の地」と主張して認められたのは事実であった可能性が高い。しかし、③の見方は難しいだろう。滋野系の諸氏が分布する吾妻郡ならば可能性があるかもしれないが、今のところ名胡桃付近に真田氏の先祖の痕跡は皆無である。

重要な点を指摘しているのは①bの笹本説で、墳墓の地をめぐる当時の意識を考える必要があるという。笹本氏は、それを呪術的土地所有観念によって説明した。中世において開発・開墾＝「地発《ぢおこし》」は土地に新しく生命を付与する行為で、土地と本主（開発者）が一体であるべきだという観念が存在した（勝俣鎮夫『戦国法成立史論』東京大学出版会）。墳墓の地は、墓と地発の二重の意味が込められており、先祖の墓は子孫にとって大事な場所だと考えられていたから、この主張は認められたのだろうという。

笹本氏が着目するとおり、墓所には古代以来、強固な不可侵性が認められ、土地所有の根拠にもなり得た。そのことは、民業を妨げるような王臣家の山野領有を禁止した朝廷が、「氏々の祖墓及び百姓の宅辺」の所有は認めていたことからもあきらかであろう。確かに墓所は、その付属地の所有権を主張する根拠となったのだが、この名胡桃に真田氏の先祖の墓は見当たらない。

ここで参照すべきは、笠松宏至氏が発見した「墓所の法理」である。笠松氏は、中世、諸権門間の紛争で起った殺人事件において、被害者側の権門が事件現場あるいは殺害された者の所縁の地を「墓所」として取得できることを主張したケースが存在することを指摘し、これを「墓所の法理」とよんだ。当初笠松氏は、この「墓所の法理」は鎌倉中期までに宗教集団で成立した「宗教的・民俗的な法慣習」とみていたのだが、その後、『今昔物語集』や『源平盛衰記《げんぺいせいすいき》』のなかの事例も確認され、遅くとも一二世紀から武士社会の恩賞給与という俗的な領域でも、この「墓所の法理」が用いられていたことがわかっている（笠松宏至『日本中世法史論』東京大学出版会）。

名胡桃の問題も、この「墓所の法理」の発動と考えれば理解しやすい。すなわち、昌幸は「墓所の法理」を用いて名胡桃の領有を主張した。北条氏側から反論された形跡がないのは、天正年間の東国では、まだ「墓所の法理」が有効だったからだと考えられる。あるいは、「祖考」「代々」といった表現は江戸時代の軍記によるもので、昌幸は縁者が殺害された場所であることを主張したのかもしれない。いずれにせよ、河原綱徳が墓所の存否のみを問題にしているのは、江戸時代後期には「墓所の法理」が忘れられていたからであろう。

Ⅱ 真田父子、かく戦えり

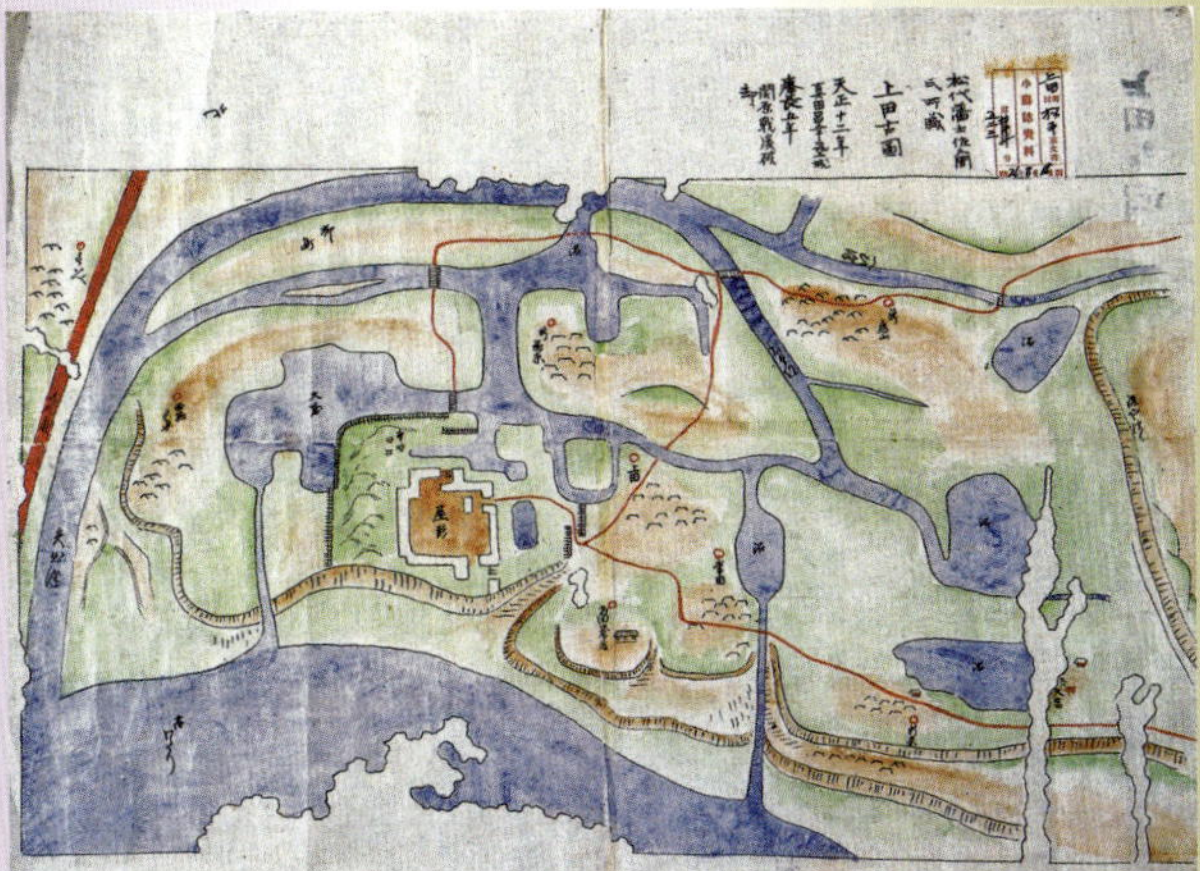

「天正年間」と伝えられている上田古図　上田市立博物館蔵

一　第一次上田合戦と新出絵図

第一次上田合戦とその史料　北条・徳川・上杉三氏による旧武田領争奪戦「天正壬午の乱」は、天正十年(一五八二)十月末、北条氏と徳川家康が和睦協定を結んだことで終結した。武田、北条、織田、上杉、そしてまた北条と、目まぐるしく従属先を変えた真田昌幸だが、今は信濃での勢力拡大を狙う徳川家康に従い、上杉氏と対峙している。天正十一年、上杉方が埴科《はにしな》と小県の郡境に位置する虚空蔵山《こくうぞうさん》城に兵を集めると、同年四月、昌幸は家康の支援をうけて、「海士渕《あまがふち》」*の城の構築を開始した。この城こそ真田氏の新たな居城となる上田城だが、昌幸の本拠小県郡は、家康にとって対上杉氏の最前線であり、支援を惜しまなかったのである。

しかし、この時すでに、家康と昌幸の間には難しい問題が発生していた。前年、北条氏と徳川氏が和睦したさい、両者の間で甲斐・信濃が徳川領、上野が北条領と決まり、北条氏は信州佐久郡・甲州都留郡から撤退する代わりに、家康に従属している真田昌幸の上州沼田・岩櫃領を割譲するよう要求していた。家康は昌幸に沼田・岩櫃を北条氏に渡すよう命じるが、昌幸は渡そうとしない。いわゆる、「沼田領問題」*の始まりである。

---

* **海士渕**　上田城の南崖下、千曲川がつくった深い淵を「海士淵」と称していた。「尼が淵」とも書いた。

* **沼田領問題**　岩櫃城を中心とする吾妻郡も含めて「沼田領」と称している。

天正十一年六月、沼田城が北条方に引き渡されることになり、七月、沼田に北条氏邦の使者が訪れた。ところが、昌幸から同城の守備を任されていた矢沢頼綱は、使者を切り捨て、それを上杉景勝《かげかつ》に報告したのである。昌幸はひそかに矢沢頼綱を上杉氏に従属させていたらしい。怒った北条氏邦は沼田を攻撃するが、頼綱はそれをよく防いだ。

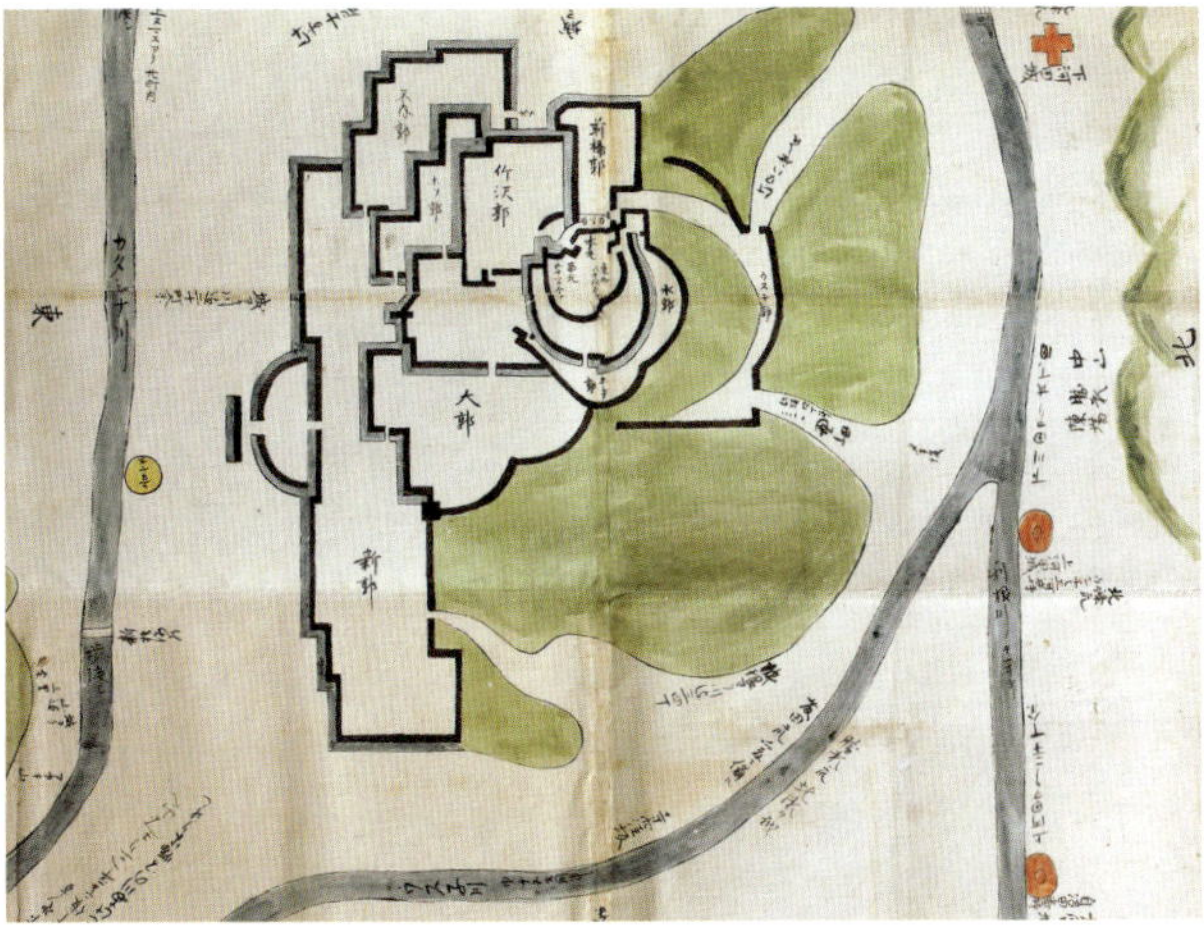

上州沼田古城図　部分、上智大学中澤研究室蔵

天正十二年、尾張*で羽柴秀吉と対峙することになった家康は、北条氏との同盟を強化するため、昌幸に沼田領の引き渡しを急かすが、昌幸は同意しない。焦った家康は同年七月、室《むろ》賀《が》正武《まさたけ》*を使って昌幸の暗殺を試みたが、昌幸はこれを返り討ちにした。

翌天正十三年、家康は四月から六月にかけて甲府に出陣し、昌幸に軍事的圧力をかけて、沼田領を北条氏に渡すよう説得を試みたが、昌幸はこれにも応じない。いよいよ家康との決戦を覚悟した昌幸は、敵であっ

＊ **尾張**　天正十二年（一五八四）、尾張の小牧・長久手で、徳川家康が織田信雄を助けて羽柴秀吉と対戦した。三月、家康は尾張の小牧山に本陣を構え、これに対し秀吉も楽田（犬山市）に本陣を置き対峙した。これを小牧の戦いという。四月、秀吉方は三河（愛知県東部）を攻撃しようと、羽柴秀次（秀吉の甥）を大将として侵入したが、長久手において大敗を喫した。これを長久手の戦いという。

＊ **室賀正武**　小県郡の国衆の一人。武田氏滅亡後、真田昌幸が小県郡一帯を支配するようになるなか、正武は昌幸に服従していなかった。

た上杉景勝を頼り、証人（人質）として次男弁丸（のちの信繁）を差し出す。同年七月、景勝は昌幸の従属を認めた。これまで敵対していたにもかかわらず、景勝の対応は寛大で、昌幸の信州小県と上州利根（沼田）・吾妻（岩櫃）の領有を認め、援軍も約束している。

昌幸の行動は、家康を激怒させた。北条氏への沼田領引き渡しを拒みつづけただけでなく、上杉氏に寝返ったのだから、許せるわけがない。徳川氏の支援によって対上杉氏の拠点として構築された上田城が、一転、対徳川氏の拠点と化したことも深刻であった。かくして、第一次上田合戦が始まる。

家康は昌幸を討ち、上田城を奪取するため、八月八日、甲斐の鳥居元忠《とりいもとただ》*・平岩親吉《ひらいわちかよし》*のもとに武士を召集し、信州小諸の大久保忠世《おおくぼただよ》*より指図がありしだい出陣するよう命じた。二十日には、伊那の小笠原・松岡・下条氏らに小県郡への出陣を命じている。この時家康自身は、秀吉方を警戒して浜松を離れることができなかったが、徳川軍は諏訪・佐久の諸士も動員し、八月二十六日、小県郡の祢津に布陣した。

徳川軍の出陣を知った海津城代の須田満親《すだみつちか》は、それを上杉景勝に知らせ、援軍を要請した。真田昌幸も援軍を乞う使者を春日山に派遣している。景勝は、北信濃の井上・市川・夜交《よまぜ》・西条・寺尾といった国衆に対し、領民を動員して須田満親の指揮下に入るよう命じたが、この頃景勝は、越中の佐々成政《さっさなりまさ》*を攻める秀吉に呼応してそちらへ出陣していたため、みずからは信濃へ出馬することができなかった。

---

* **鳥居元忠**（一五三九～一六〇〇）松平氏の家臣鳥居忠吉の子として生まれ、幼少の時から家康に仕えた。戦功を重ね、甲斐郡内地方に領地を与えられた。

* **平岩親吉**（一五四二～一六一一）三河国生まれ。幼少時から家康に仕え、本能寺の変後、甲斐郡代となった。

* **大久保忠世**（一五三二～九四）大久保氏の宗家忠俊の弟忠員の嫡男。三河国生まれ。若年から家康の父広忠に仕え、遠州二俣城を与えられ、家康にも仕えた。

* **佐々成政**（一五一六～八八）尾張春日井郡比良村出身。織田信長に仕え越中富山城主となる。信長死後は柴田勝家に味方した。

八月二十九日、須田満親は書状で矢沢頼幸に、すでに援軍の一部を曲尾筋へ派遣しているが、今日さらに追加の援軍を送ったと知らせた。曲尾は、海津から地蔵峠を越えて真田に入るところに位置する地名なので、そこから戸石《といし》城に向ったのかもしれない。迎えたのが矢沢頼幸だとすれば、矢沢城へ入ったのかもしれないが、いずれにしても援軍は洪水のため自由に進めず、遅くなってしまったという。

閏八月二日、徳川軍は上田城に向けて進撃を開始し、激戦となった。この戦いは、徳川の大軍が小勢の真田に追い返されたことで知られるが、その様子を伝える確実な史料は意外に乏しい。両軍が交戦し、徳川方に多数の戦死者が出たらしいことがわかる同時代の史料は、つぎの三つしかない。①徳川方の諏方《すわ》頼忠《よりただ》が一族の矢島河内守《かわちのかみ》（諏方上社権祝《ごんのほうり》家《け》）の戦死を同家に知らせている同月十一日付の書状。②真田信幸が沼田城を守っている恩田氏ら家臣に、「遠州勢が攻めてきたので、去る二日、国分寺*で一戦を遂げ、一三〇〇余人を討ちとった」と戦果を知らせている同月十三日付の書状。③下総の結城《ゆうき》晴朝《はるとも》*が上杉景勝に「真田を攻撃した徳川勢が二〇〇〇

信濃国分寺

＊国分寺　千曲川の北岸で神川の西側（上田市大字国分）に位置する寺院。またその付近の地名。南方約二〇〇メートルに位置する古代の国分寺が、この地に移転したもの。

＊結城晴朝（一五三四〜一六一四）下総国結城城主。小田原北条氏と越後上杉氏の両勢力から圧力をうけたが、鎌倉公方との主従関係を重んじながらも、臨機応変に両勢力の間でたちまわり、本領を維持していた。

人余も討たれて敗退したことを喜んでいる」と伝えた九月四日付の書状。しかし、これらから戦闘の詳細はわからない。

戦闘の経過がわかる史料として知られているのは、徳川方の室賀満俊《むろがみつとし》がこの頃の軍功を書き上げた「室賀満俊覚書」と、戦闘に参加した徳川家重臣の大久保忠教《ただたか》*がのちにまとめた『三河物語』*である。「室賀満俊覚書」によれば、まず祢津古城を守っていた真田方が撤退するさい、それを追って交戦したという。つぎに上田城下の町のなかで戦闘があり、神川《かんがわ》*まで真田方に追撃されたが押し返した。その後、「小根山《おねやま》*（尾野山城）」の戦いで徳川方は負傷者を捨てて逃げたが、満俊らは引き返して負傷者を収容したこと、岡部長盛《おかべながもり》*を支援するため、真田勢に横槍を入れたことなどが書き上げられている。

『三河物語』によると、上田城の二の丸まで攻め込んだ徳川軍が城に火をかけようとしたところ、芝田康忠《しばたやすただ》*が「味方が脱出できなくなる」と制止した。そこに真田勢の反撃があり、徳川方は敗走する。筆者の忠教は「火をかけていれば敵は出てこられなかったものを」と悔しがっている。さらに、撤退する鳥居元忠らに対し、砥石城から出撃した真田勢が襲いかかり、徳川勢は「三百余」も討たれ、その後、神川まで追い詰められた。忠教は「下戸に酒を飲ませたような情けない風情だった」と、自軍のふがいなさを酷評している。その後、徳川軍は真田方の丸子《まるこ》*城を攻撃するため八重原《やえばら》*に布陣したが、丸子城を支援するために海野まで出陣してきた昌幸・

---

* **大久保忠教**　（一五六〇〜一六三九）「彦左衛門」の名で親しまれた。『三河物語』の著者。徳川家康に出仕後、兄忠世に従って数々の武功をあげた。
* **『三河物語』**　大久保（彦左衛門）忠教の自伝。元和八年（一六二二）草稿成立。
* **神川**　小県郡北部の四阿山を源とし、真田を南流して上田平に出て、信濃国分寺の東側で千曲川に合流する川。
* **小根山**　尾野山城のこと。上田市丸子町大字生田、字城平の城山にあった山城。
* **岡部長盛**　（一五六八〜一六三二）徳川家康の家臣。のち美濃大垣藩主岡部家初代となる。
* **芝田康忠**　徳川家康の家臣。七九郎。
* **丸子城**　上田市丸子町大字腰越の西、字十貫石の山上にあった城。
* **八重原**　長野県東御市、

信幸らと戦闘になった。大久保忠世は真田父子を討ち取ろうとするが、好機を逃してしまう。やがて真田勢が引き揚げると、徳川勢も小諸城まで撤退した。

　二つの史料が記す経過はおおむね一致している。「室賀満俊覚書」が尾野山城、『三河物語』が丸子城の攻防について記しているのは、徳川軍が軍勢を複数にわけ、満俊は尾野山城攻め、忠教は丸子城攻めの部隊にいたことによるのだろう。家康は閏八月二十六日・二十九日付の感状《かんじょう》*を何通も出しているので、丸子付近の戦いでは徳川方にも戦果があったらしい。いずれにしても、信憑性の高い史料でわかる上田合戦の様子はこの程度である。

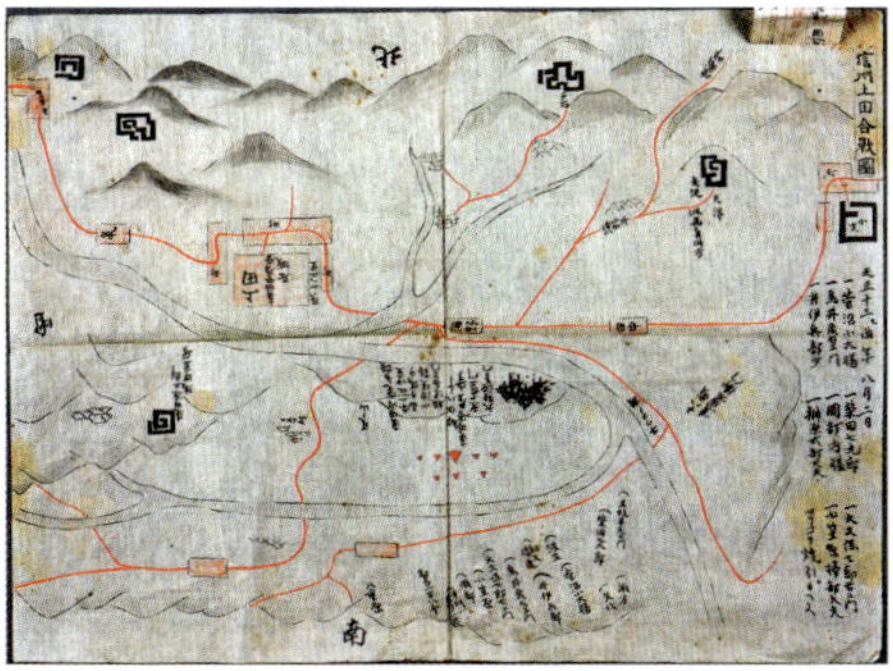

信州上田合戦図　上田市立博物館蔵

　後世に書かれた『上田軍記』*などの軍記物には、豊富な記述がある。徳川軍の総勢は「七千余騎」で、迎え撃つ真田方は「出家」や「郷人」らを総動員しても兵の総数は「二千」に足らなかったという両軍の兵力も、こうした軍記にしかみえない。また、昌幸が城下町中に「千鳥掛《ちどりがけ》」すなわちバリケードを設置しておいたことや、敵が城下まで押し寄せても悠々と囲碁に興じていたことなどは、軍記物にみえるのみで、どこまでが事実なのかよくわからない。上杉景勝のもとへ人質に出されて

かつての北佐久郡北御牧村。

＊**感状**　戦功を賞して発出される文書。

＊**『上田軍記』**　上田合戦の様子を語る軍記物。成立年は未詳だが、「幸村」ではなく「信繁」と記述していることなどから、江戸前期に成立したものと思われる。

いた真田信繁が、景勝に許されて上田に帰り、父や兄と共に戦ったという話も、軍記の類にしかみえない。この合戦にさいして、昌幸の正室山之手殿が海津城にいるので、信繁を上田に戻すかわりに山之手殿が人質に取られたとみて、信繁の参戦を確実視する研究者もいる。その可能性はあるだろうが、信憑性の高い史料で信繁の参戦が確認できないことにかわりはない。

新出「信州上田初之真田陣絵図」　上田市立博物館に所蔵されている「信州上田合戦図」は、信憑性に疑問はあるものの、「第一次上田合戦の様子を描いた唯一の絵図」として珍重されてきた。しかし、上田城および神川での戦いの様子はまったく説明されておらず、丸子・尾野山周辺の布陣について図示している。江戸後期に描かれたものであろうが、その頃には上田城・神川での戦いと丸子・尾野山付近における戦いとが「上田合戦」と総称されるようになっていたらしい。

実は、上田城と丸子付近の対陣の様子を描いた絵図は、この「信州上田合戦図」以外にも複数存在する。まず、池田家文庫*（岡山大学付属図書館所蔵）のなかに、上田市立博物館のものと似た構図の絵図が三枚ある。「信州上田之図」「信州上田合戦図」「上田合戦之絵図」がそれで、三枚は図様も註記内容もほとんど同じで、やはり上田城下での戦いの様子はよくわからない。三枚とも、第一次上田合戦当時の上田城にはなかったはずの天守*風建物を描いている。江戸時代の一般的な城のイメージを投影したものだろう。城の北側にT字形の町並みを描いているが、上田城の城

＊池田家文庫　岡山藩主池田家に伝来した史料の総称。寛永九年（一六三二）、池田光政の岡山入封以後、明治の廃藩までの古文書・記録類、池田家伝来の和漢図書からなる。一九五〇年、岡山大学へ移管され、同大学付属図書館に架蔵されている。

＊天守　城の中枢部に建てられた重層の櫓建築。戦国末期の一五七〇年代に出現し、急速に発達したもので、権威の象徴という性格が強く、軍事的には物見櫓程度の意味しかない。天主、殿主、殿守などとも書く。「天守閣」は近代に一般化した俗称。

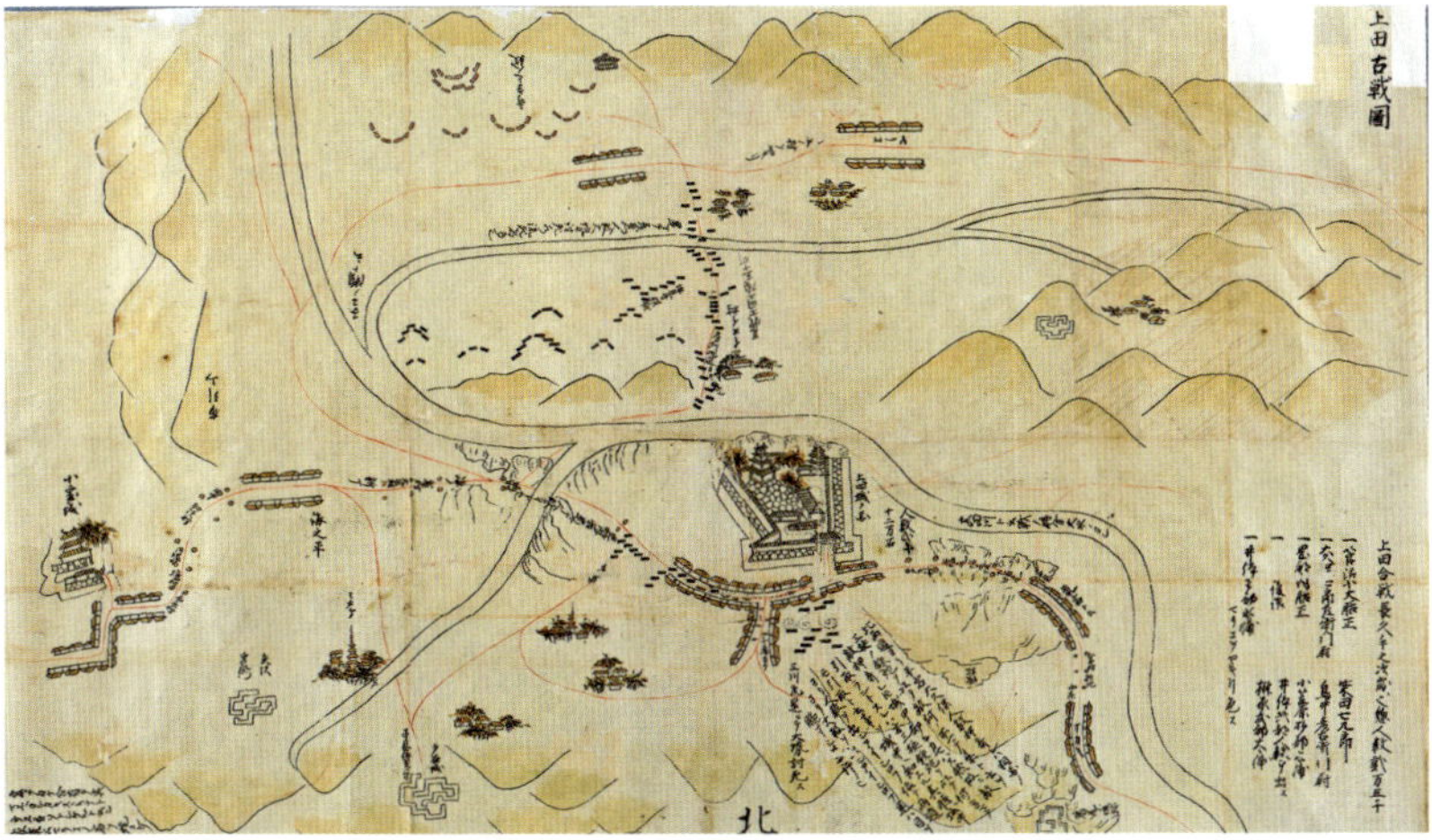

上田古戦図　大平喜間多氏旧蔵、真田宝物館蔵

下町の基軸は城の東に位置する原町と海野町《うんのまち》だったはずで、実際とはかけ離れている。絵や字体、語彙からも、江戸後期に描かれたものとみられ、上田合戦の実像を探るための史料にはなりそうもない。

　この池田家文庫本とまったく同じ構図ながら、興味深い書き込みをもつのが、真田宝物館*所蔵の絵図である。同じ構図のものが二枚あるものの、どちらも大平喜間多*氏が収集した資料で、真田家に伝来したものではないことに注意したい（以上、池田家本と大平氏旧蔵本については山中さゆり氏のご教示による）。この大平氏旧蔵本は上田城の北、T字形の町並みの脇に、「三川《河》衆、是《これ》にて大勢討死す」とあり、城下町の中の道に柵が

* **真田宝物館**　真田家から長野市に譲られた武具、調度品、書画、文書などの大名道具を収蔵・展示する博物館。松代藩真田家の歴史と、大名道具を紹介する常設展示室、テーマを定めた企画展、特別企画展が行なわれる企画展示室からなる。

* **大平喜間多**　（一八八九～一九五九）昭和四年（一九二九）刊行の『松代町史』の編著者で、人物叢書『佐久間象山』（吉川弘文館）の著者でもある。埴科郷土研究会を結成するなど、郷土研究に多大な業績があり、古文書・典籍などの収集資料も膨大な数にのぼる。

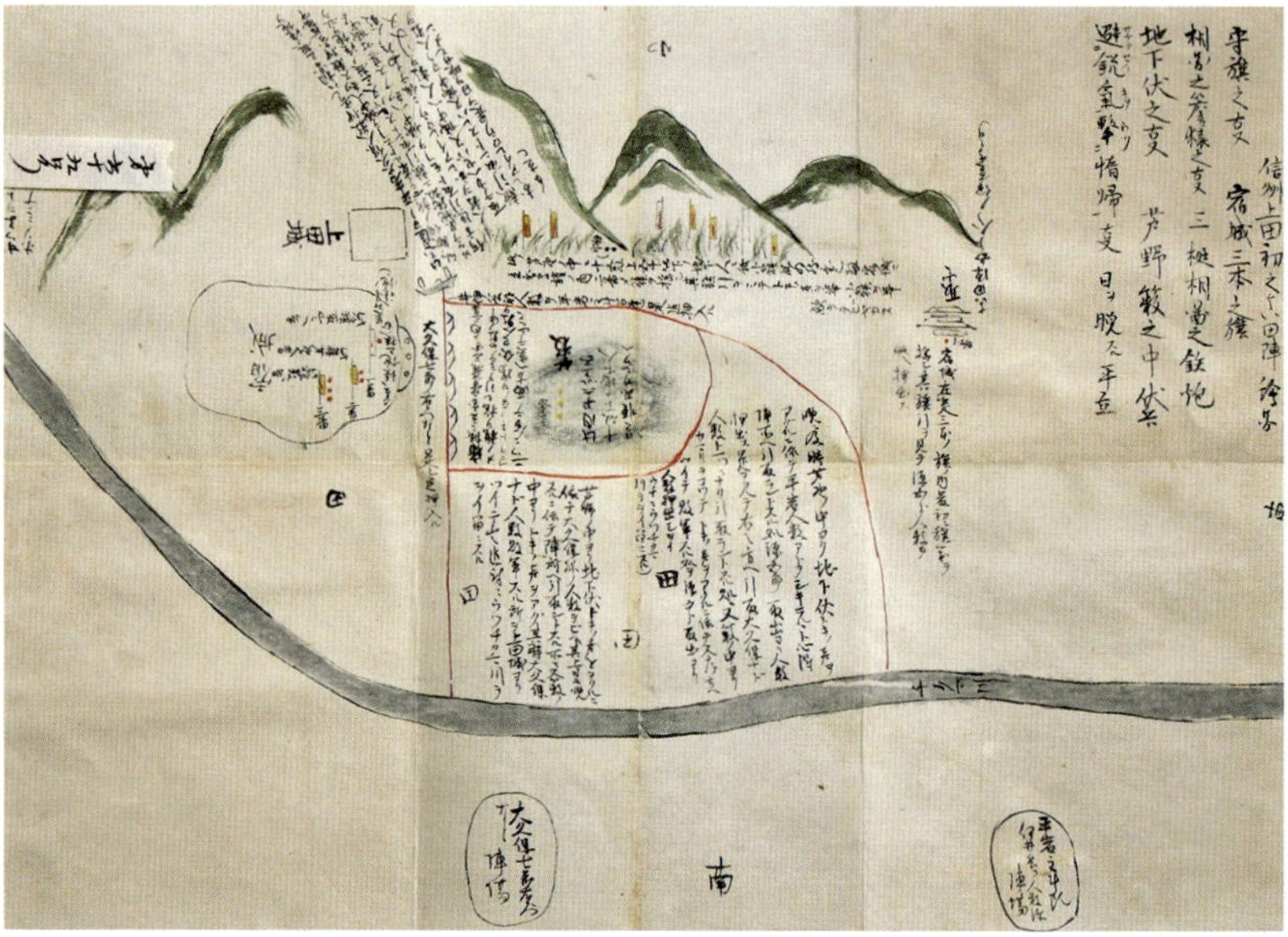

信州上田初之真田陣絵図　上智大学中澤研究室蔵

いくつも描かれ、「千鳥カケ《掛》」と註記されている。そして、長文の註記＊がある。

しかし、註記の「この両道」は、どの道とどの道をさすのかよくわからない。そこから平岩・大久保の軍勢が押し寄せてきたので、相図の三挺の鉄炮で敵がどの地点まで来たか知らせたということだろうか。敵が押し寄せても城中はそれにかまわず、敵が後退しようとすると、また三挺の鉄炮でどの地点まで後退したかということを城中に知らせ、城中から軍勢を出して追撃したというが、「両方の道

＊**長文の註記**　大平氏旧蔵「上田古戦図」の長文の註記はつぎのとおり。
此両道ヨリ平岩大久保人数押寄レハ、相図ノ三挺ノ鉄炮ヲ以テ、敵何ノ所マテ来ト云ヲ敵押寄レトモ、城中却テカマハズ、然故ニ敵引取ントスレバ亦三挺鉄炮ヲ以テ何方マテモ引取ト云事ヲ城中ヘ知スル、其時城中ヨリ人数ヲ出シアイシロウ、依テ両道ヨリ大人数ヲ出シアイシロウ、是ハ目ヲ晩サシメン行也

＊**東京古典会の古典籍展覧大入札会**　東京古典会は、古書籍業を営む店が集まる

から大人数を出し応戦した」のは敵なのか味方なのかわからない。こうするのは、「目を晩さしめん」行為だというのも意味がわからない。上田城に迫った敵との攻防を説明する珍しい註記だが、意味不明の部分があり、そもそもこの大平氏旧蔵本も江戸後期に描かれたもので、やはり上田合戦の実像を探るための史料とするのは難しい。

ところが、二〇一五年十一月、東京古典会の古典籍展覧大入札会*に「信州上田初之真田陣絵図」と題された興味深い絵図が出展された。紙二枚を貼り継いだ五六×三八センチほどの料紙に描かれており、これまで知られていた丸子・尾野山付近の対陣を描いた絵図とは図様が異なる。大平氏旧蔵本の長文の註記の原文と思われる註記*がみられ、大平氏旧蔵本でよくわからなかった部分も、「相図三挺ノ鉄炮ヲ以、敵何ノ所マテ来ルト云コトヲ城中へ知ス」、「両道ノ人数取テカヘセバ又城中へ人数ヲ引入、又敵引取ントスレハ又城中ヨリ人数ヲ出シアイシロウ」とあって（傍点筆者）、大平氏旧蔵本は註記の一部が脱落していたため、文意がとおらなくなっていたのだということがわかる。また、「目」は「日」の誤写で、「日ヲ晩《くれ》サシメン」つまり日没までの時間を稼ぐ手段ということだった。その外にもこれまでに知られていなかった情報が記載されており、実に興味深い絵図なのだが、いつ誰が描いたかは記されていない。この絵図は、上田合戦の実像を伝えているのだろうか。まずは、いつ、誰によって、何のために描かれた絵図なのかを探る必要がある。

東京古書組合のなかで、古典籍をおもに扱っている業者がつくっている会。二〇一五年現在、二八店が加盟。年に一度、毎年十一月の中旬、古典籍のなかでもとくに希少・貴重な品を選んで大入札会が行なわれる。

＊**註記**　「信州上田初之真田陣絵図」の上田城に付された註記はつぎのとおり。

此両道ヨリ平岩大久保人数押寄レハ相図三挺ノ鉄炮ヲ以敵何ノ所マテ来ルト云コトヲ城中へ知ス、敵押寄トモ城中かねテ不抱然故ニ敵引取ントスレバ又三挺ノ鉄炮ヲ以テ何方迄引取ト云コトヲ城中へ知フ、又其時城中より人数ヲ出シアイシロウニ依テ両道ノ人数取テカヘセバ又城中へ人数ヲ引入、又敵引取ントスレハ又城中ヨリ人数ヲ出シアイシロウ、是ヲ日ヲ晩サシメン手立也

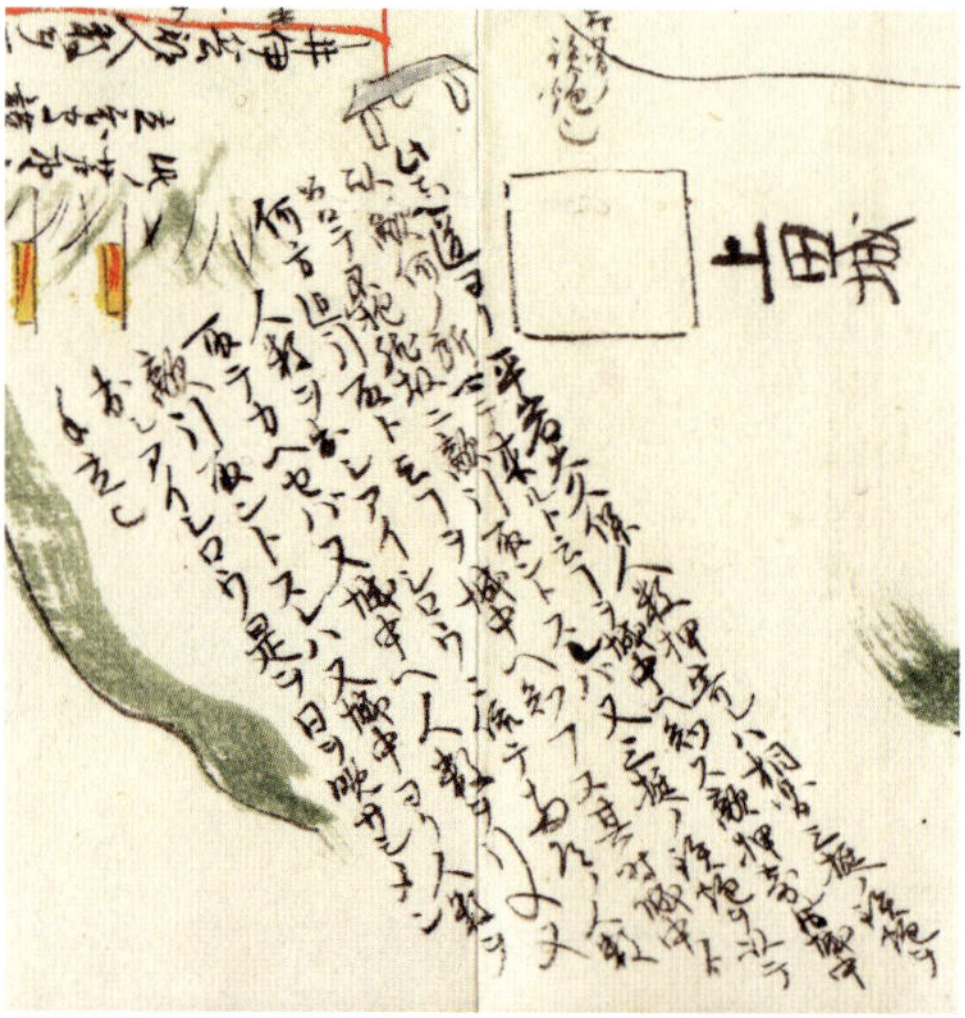

信州上田初之真田陣絵図の上田城に付された註記

今のところ、この絵図の伝来過程や旧蔵者はわからない。描かれた時期は、タイトルに「初之真田陣」とあることから二度目すなわち慶長五年（一六〇〇）の上田合戦より後だと考えられるが、そこからあまりくだらない江戸前期の可能性がある。料紙や字体もその時期のものとして不自然な点はないし、註記に用いられている語彙も江戸時代の初め頃に用いられている語句としてよい。たとえば、「アイシロウ」*、「シキル」*、「カマリ」*、「ヲイ留」*といった言葉がみえる。現代では使われなくなった語句・用法だが、いずれも戦国時代から江戸時代の初め頃には用いられていた。

決定的なのは、「宿城《じゅくじょう》」である。「宿城」とは、城に近接した町場（=「宿」）が城と連続した防禦施設（=惣構《そうがまえ》）をもったもので、戦国時代には各地の城下に形成されていた。しかし、江戸時代に武家地・町人地・寺社地を同心円状に配置する城下町が一般的になると、宿城は消滅し、言葉としても使われなくなっていく。『武

* **アイシロウ**　応戦すること。「あしらう」の古語とも。
* **シキル**　行く手をさえぎること。
* **カマリ**　ひそかな軍事行動や斥候。
* **ヲイ留**　追い詰めて動けなくすること。
* **『武徳編年集成』**　徳川家康一代の伝記を編年体で記した歴史書。九三巻。仮名

徳編年集成』*は、第一次上田合戦の様子を記すなかで、「味方大ニ競ヒ、宿城ノ町口に押詰ル（味方は競って宿城の町の入口に押し寄せた）」と「宿城」という言葉を用いているが、つづけて「宿城トハ惣曲輪《くるわ》ノ内武士屋敷市鄽《してん》アル処也（宿城とは惣構の内側で武士の屋敷や市町がある場所）」と「宿城」の説明を付している。『武徳編年集成』が成立した一七四〇年頃には、「宿城」という言葉とその意味が忘れられていたから、こうした説明が必要だった。しかし、「信州上田初之真田陣絵図」には「宿城」*が描かれ、そこに意味の説明もない。これはこの絵図が、まだ「宿城」という言葉が使われていた江戸初期に描かれたことを物語っている。

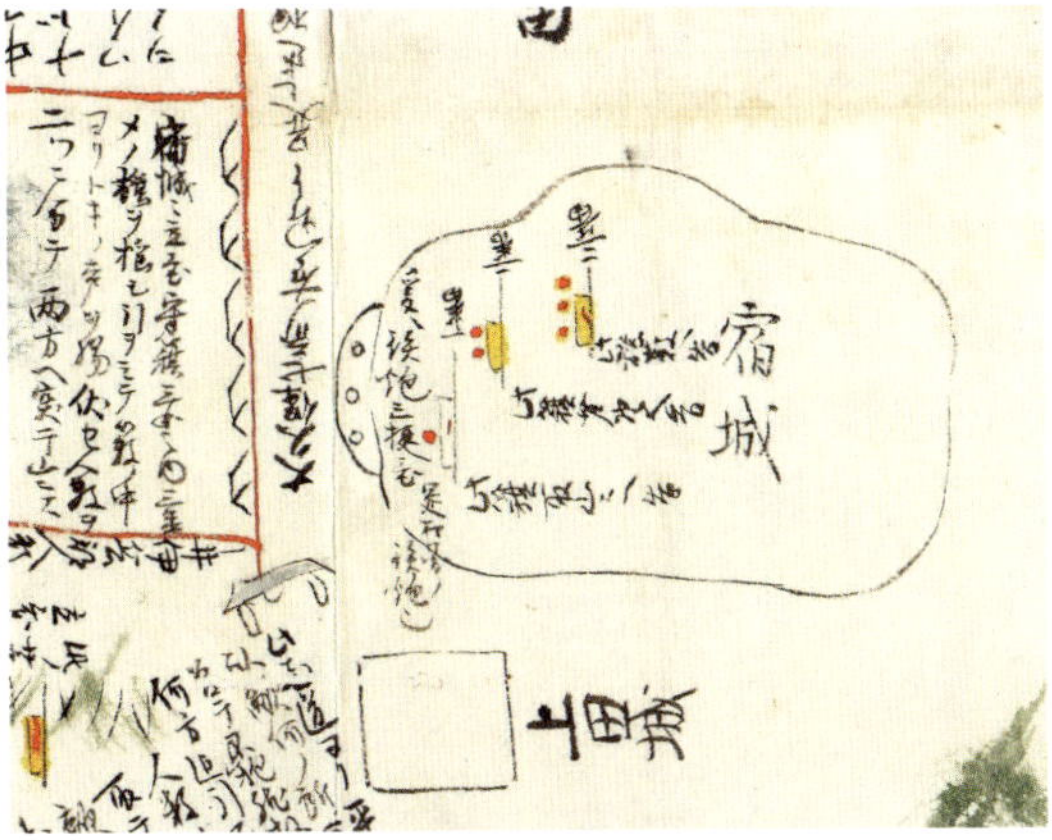

信州上田初之真田陣絵図の「宿城」

もう一つ見のがせないのは、「真田源五郎、今ノ伊豆守之事」という註記である。上田合戦に参加していた「真田」の「伊豆守」といえば信幸であろう。この註記が付されている「取出《とりで》（砦）」*は、上田城との位置関係から、砥石城のことだと思われるが、軍記の多くもそこから信幸が出撃したと記述していた。信幸の

交じり文。幕臣の木村高敦が著した。寛保元年（一七四一）、将軍吉宗に献じられた。広く史料にあたっており、家康研究の先駆的な史書と評価されている。

* 宿城　「信州上田初之真田陣絵図」の「宿城」にはつぎのような註記がある。

宿城
●●●　三番　此旗数へ告
●●　二番　此旗芦野へ告
●　一番　此旗取出へ告
鉄炮三挺置　是相図ノ鉄炮也
○○○

* 取出（砦）　「信州上田初之真田陣絵図」の「取出（砦）」にはつぎのような註記が付されている。

取出　●　一番
宿城在是三本ノ旗ノ内最初ニ旗一本ヲ揺シ其旗引ヲ見テ源五郎人数ヲ此へ押出ス

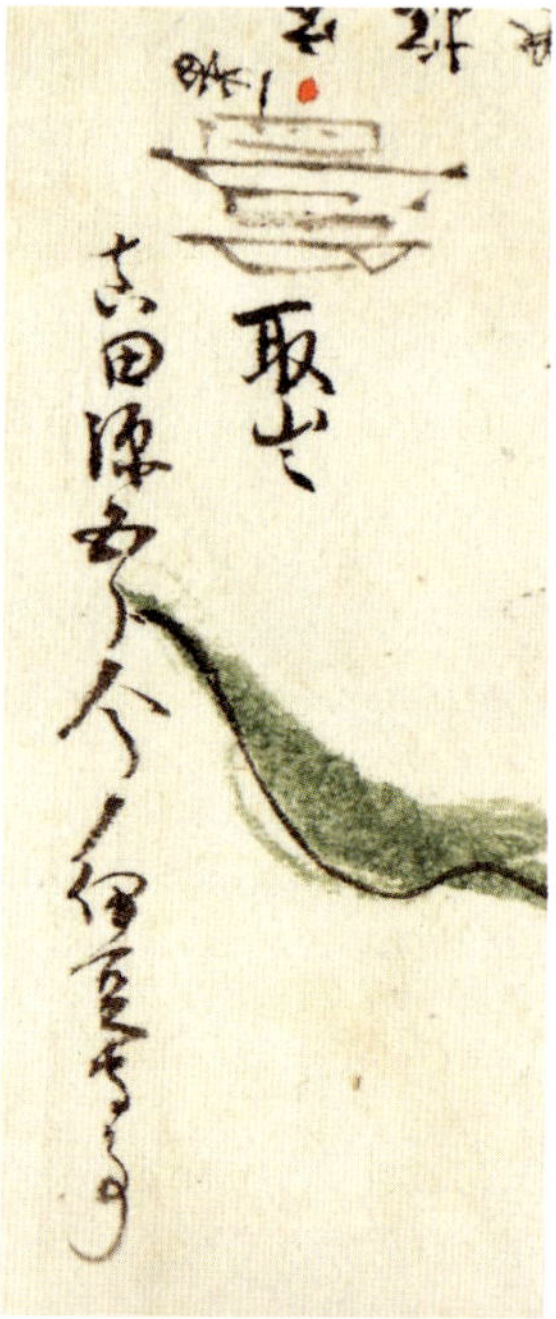

「今ノ伊豆守」
信州上田初之真田陣絵図、部分拡大

働きを描いているとみてまちがいなく、そこに「今の伊豆守」と記していることは、この絵図が描かれたのは信幸存命中で、彼が「伊豆守」と名のっていた時期だったということになる。信幸は長命で、「伊豆守」と名のっていた期間も文禄三年（一五九四）十一月から明暦四年（万治元年、一六五八）七月までと長いが、これによりこの絵図の成立は第二次上田合戦（一六〇〇）後、一六五八年までの間に限定できよう。問題は「源五郎」である。信幸の仮名は源五郎*ではなく源三郎だった。これについては、他の註記をみてから、あらためて考えよう。

この絵図が何のために作成されたのかは、標題の次の記述から推測できる。

守旗之事　宿城三本之旗
相図之簷猿《のきざる》*之事　三梃相図之鉄炮
地下伏之事　芦野藪之中伏兵
避鋭気撃惰帰事　日ヲ晩スル平（手）立

＊源五郎　信幸の父昌幸の仮名は「源五郎」であった。あるいはそれと混乱したか。

＊簷猿　敵の様子を知らせる忍者や斥候《せっこう》の異称で、延宝四年（一六七六）の奥書をもつ忍術の秘伝書『万川集海《まんせんしゅうかい》』などにみえる。

これらは、この絵図で説明しようとする項目であろう。「旗」「相図の鉄炮」「伏兵」といった具体的な戦法とあわせて、「鋭気を避け、惰帰を撃つ」という『孫子』*の一節があげられている。これら兵法に関する項目から、軍学における戦史学習の一環、すなわちこの合戦で真田方が用いた戦法を学ぶための教材として作成された絵図だと考えられよう。

この絵図を描いたのは何者だろうか。まず、記されている人名を確認しておこう。真田方は先ほど見た「真田源五郎、今ノ伊豆守」ただ一人。信繁はもちろん昌幸の名もみえない。対する徳川方は、「井伊《いい》兵部《ひょうぶ》*（直政《なおまさ》）」・「平岩主計頭《かずえかみ》（親吉）」・「大久保七郎右衛門（忠世）」の三名であるが、これら四名のいずれにも敬称が一切なく、呼び捨てにされている。この絵図を記した人物が、真田家中あるいはその関係者であれば「伊豆守」に、徳川家中あるいはその関係者であれば井伊・大久保・平岩らに何らかの敬称を付すはずだが、ない。この絵図を記した人物は、そのいずれの家中でもないのだろう。

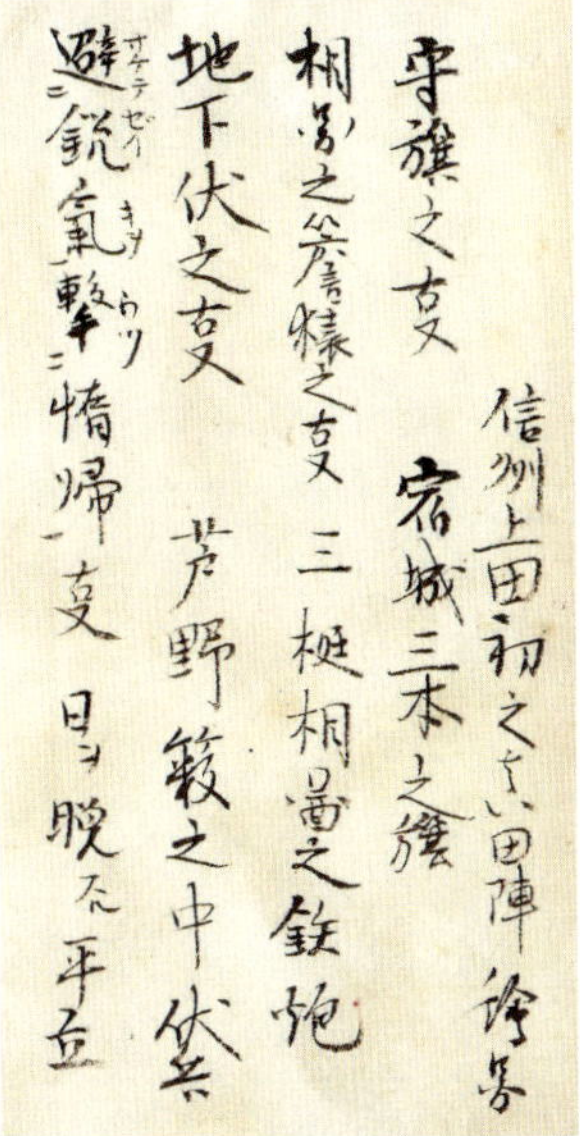

信州上田初之真田陣絵図の標題

にもかかわらず、この絵図は、「敵何ノ所マテ来ルト云コトヲ城中へ知ス」、「敵引取

＊『孫子』　中国古代の兵書。兵法書のうち最も著名で、日本での影響も大きい。春秋時代の呉の孫武（前五〇〇年ごろ）の著とされるが戦国（前四世紀）の作であろう。

＊井伊兵部　（一五六一～一六〇二）　徳川家の重臣井伊直政。遠江国に生れる。天正三年（一五七五）、浜松で家康に仕え、本能寺の変後の甲州経略のさい、家康から武田遺臣を多く付属させられた。天正十年七月ごろから兵部少輔と称した。

「十五以上五十以下」
信州上田初之真田陣絵図、部分拡大

ントスレハ又城中ヨリ人数ヲ出シ」というように、あきらかに徳川勢を「敵」と称している。真田家中ではないが、真田方の戦い方をよく知っており、徳川勢と敵対する立場にあった人物とは何者か。それは、この合戦で真田氏に援軍を派遣した上杉氏の関係者であろう。上杉方にとって、徳川方は「敵」である。人名に敬称を付す必要もない。

　さらに上杉氏との関係を示唆する部分としてとくに芦野の注記*にみえる「十五以上五十以下ノ地《じ》下人《げにん》」*という記述に着目したい。この合戦にさいして上杉景勝は、北信濃の国衆たちに十五歳および六十歳*の年齢制限付で動員をするよう命じていた。こうした、年齢を区切っての動員令は、上杉氏以外の戦国大名にもみられるものだが、この合戦の直前に景勝からあらためて指示されていたこととと、この絵図の注記には何らかの関係があるのではないだろうか。

　これらのことから、この絵図は上杉氏に関係する人物、たとえば、上田城への援軍として派遣され、合戦の様子を見聞して帰還した者の情報をもとにして描いた可

---

* **芦野の注記**　「信州上田初之真田陣絵図」の芦野にはつぎのような注記がある。
　二番　●●
此ノ芦野ノ中ニ十五以上五十以下ノ地下人ニ紙小旗抔為持置也、扨宿城ニ立置旗ノ内二番メ旗ヲ揺シ其旗引ヲミテトキノ声ヲ挙、小旗ヲ挙、敵ヲヲビヤカス

* **地下人**　支配している土地の住民。領民。

* **十五歳および六十歳**　景勝の文書には、「十五以前六十以後」とある。これを現代的に十五歳以下六十歳以上と読んで、通常は動員しない子どもと老人まで動員したとみる研究者が多い。しかし、「以前」のサキ、「以後」のアトが指す時間には、それぞれ過去と未来があった（勝俣鎮夫説）。「十五以前六十以後」も十五歳以上六十歳以下である可能性があるように思われる（福原圭一氏のご教示に

能性が高いと考えられる。ただし、今私たちが見ているこの絵図そのものは写しであろう。「避鋭気撃惰帰事　日ヲ晩スル平立」の「平立」は意味不明だが、図中の註記には「日ヲ晩サシメン手立也」とあって、「平立」は「手立」の誤写である。信幸の仮名を「源五郎」と誤っているのも、「源三郎」の「三」を「五」と見誤って写している可能性があるだろう。年齢の下限も、芦野の註記には「十五」とあるが、藪の註記では「十六」としている。上限が「五十」とあるのも、景勝の文書と同じく「六十」であったものを誤写したものかもしれない。

いずれにしてもこの絵図は、一七世紀の前半、たとえば『三河物語』などの成立と近い時期に描かれた絵図であることは確実であろう。しかも、上杉氏の関係者がみた上田城における真田勢の戦い方を描いた可能性が高い、希有な史料だと考えられる。それでは、この絵図に基づいて第一次上田合戦を再現してみよう。

「信州上田初之真田陣絵図」にみる上田合戦　徳川軍の襲来に備えて、昌幸は次のような準備をしていた。まず、信幸に手勢を率いて「取出」（おそらく砥石城に待機し、宿城に立てる三本の旗のうち最初の旗を振るのが見えたら出撃せよと指示する。つぎに、動員しておいた十五（十六？）歳以上五十（六十？）歳以下の領民を二手に分けた。「地下伏*」である。一方には紙小旗などを持たせて、北側の山麓にひろがる芦野のなかにひそませ、宿城の旗のうち二番目の旗が振られるのが見えたら、鬨《とき》の声と小旗で大軍がいるように思わせよと指示した。もう一方には足軽を

よる）。

* **地下伏**　「ちげぶせり」と読んだか。地下人の伏兵のことであろう。

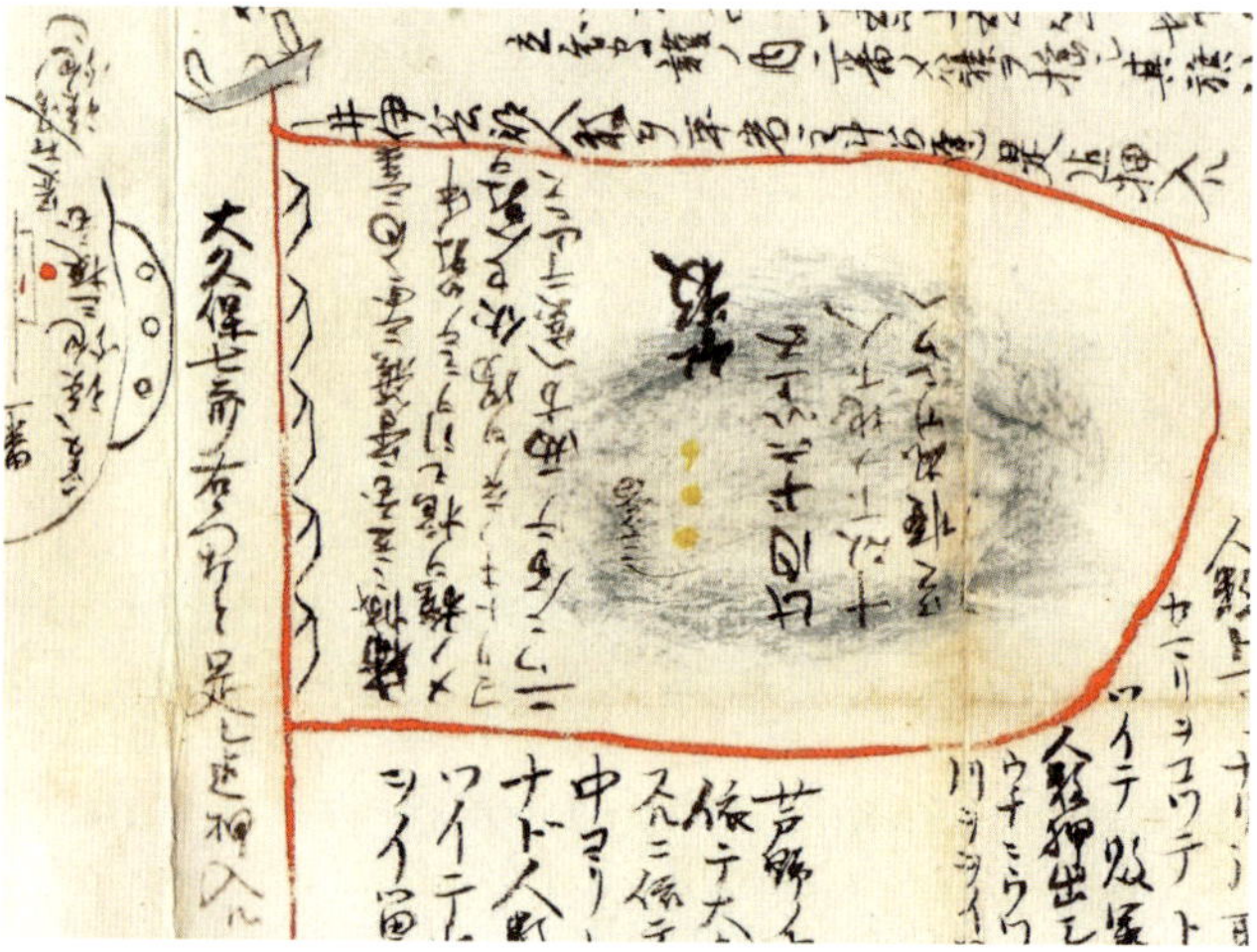

信州上田初之真田陣絵図　部分拡大

そえて、城下町に隣接する藪*のなかにひそませ、宿城の三本の旗のうち三番目の旗が振られるのが見えたら鬨の声をあげ、二手に分かれて西の方、つまり城下町の方へ出撃せよ、と指示する。この二手はそれぞれ敵の侵入が予想される道に対応していた。

宿城には、白地に赤い印の入った一番旗（砦への連絡用）、黄色の二番旗（芦野への連絡用）、黄色地に赤い印の入った三番旗（藪への連絡用）の三本の旗を立て、惣構の最前面、城下に侵入した敵がよく見える位置に、相図のための鉄炮三挺を配備した。

敵の平岩親吉らは、井伊直政から派遣された手勢も率いて、川の対岸に布陣した。大久保忠世らも同じく川の対岸に布陣。そしていよいよ戦いの火ぶたは切られる。平岩親吉らが率いる軍勢は、川を渡り、城下から上田城の門につづく道を西へと進

＊藪　「信州上田初之真田陣絵図」の藪にはつぎのような注記がある。

宿城ニ立置守旗三本之内三番メノ旗ヲ揺シ引ヲミテ藪ノ中ヨリトキノ声ヲ揚、伏セ人数ヲ二ツニ分テ、西方ヘ突テ出ス

三番　●●●　藪

此内十六以上五十以下ノ地下人足軽抔サシソヘ

撃した。一方の大久保忠世らが率いる軍勢も川を渡り、城の門へとつづくもう一本の道を進み、城下の町並みを通過して城に迫った。

この両方の道から、平岩・大久保らの軍勢が押し寄せてくると、宿城に配置しておいた相図のための三挺の鉄炮が放たれ、敵がどの地点まで来たかということを城中へ知らせる。しかし、敵が城まで押し寄せてきたからといって、城中からすぐに出撃はしない。敵が城内への突入をあきらめて引き返そうとすると、また鉄炮でどの地点まで引き返したかということを城中へ知らせる。その時、城中から軍勢を出し、敵を追撃する。そこで敵の軍勢がとって返すと、こちらの軍勢を城中へ撤退させた。また、敵が引き返そうとすると、城中から軍勢を出し、敵を追撃する、ということをくり返す。これは、日没までの時間を稼ぐための作戦だった。

夕暮れが近づいてきた。宿城に立てられた三本の旗のうち一番旗が振られたのを確認した信幸は、城下の東方、平岩親吉らが陣場へもどる道に向かって砦を出た。つづけて宿城で二番旗が振られたのを見た芦野の地下人たちは、鬨の声をあげ、紙小旗を振り上げ、敵兵をおどろかす。さらに三番旗が振られたのを視認した藪のなかの伏兵が、鬨の声をあげ、二手に分かれて一方は平岩らの軍勢、一方は大久保らの軍勢に接近する。

大久保らが率いていた軍勢は、芦野のなかの伏兵があげた鬨の声におびえ、その上、日も傾いてきたので、陣所へ撤退し始めた。平岩らが率いていた軍勢も、芦野

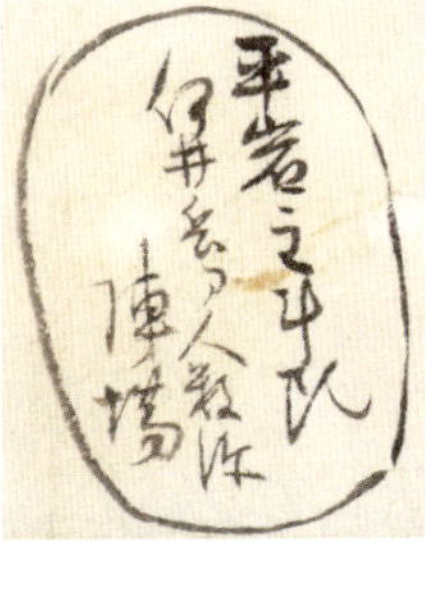

平岩らの陣場

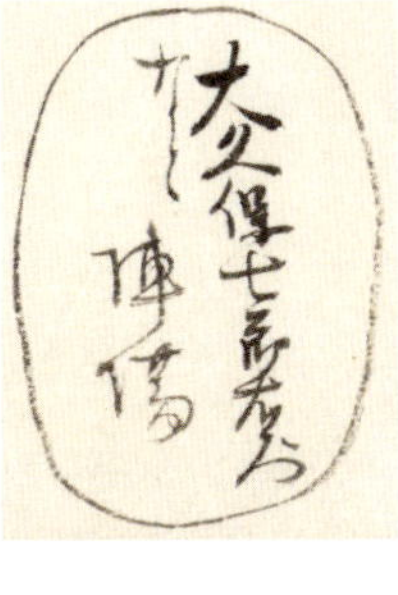

大久保らの陣場

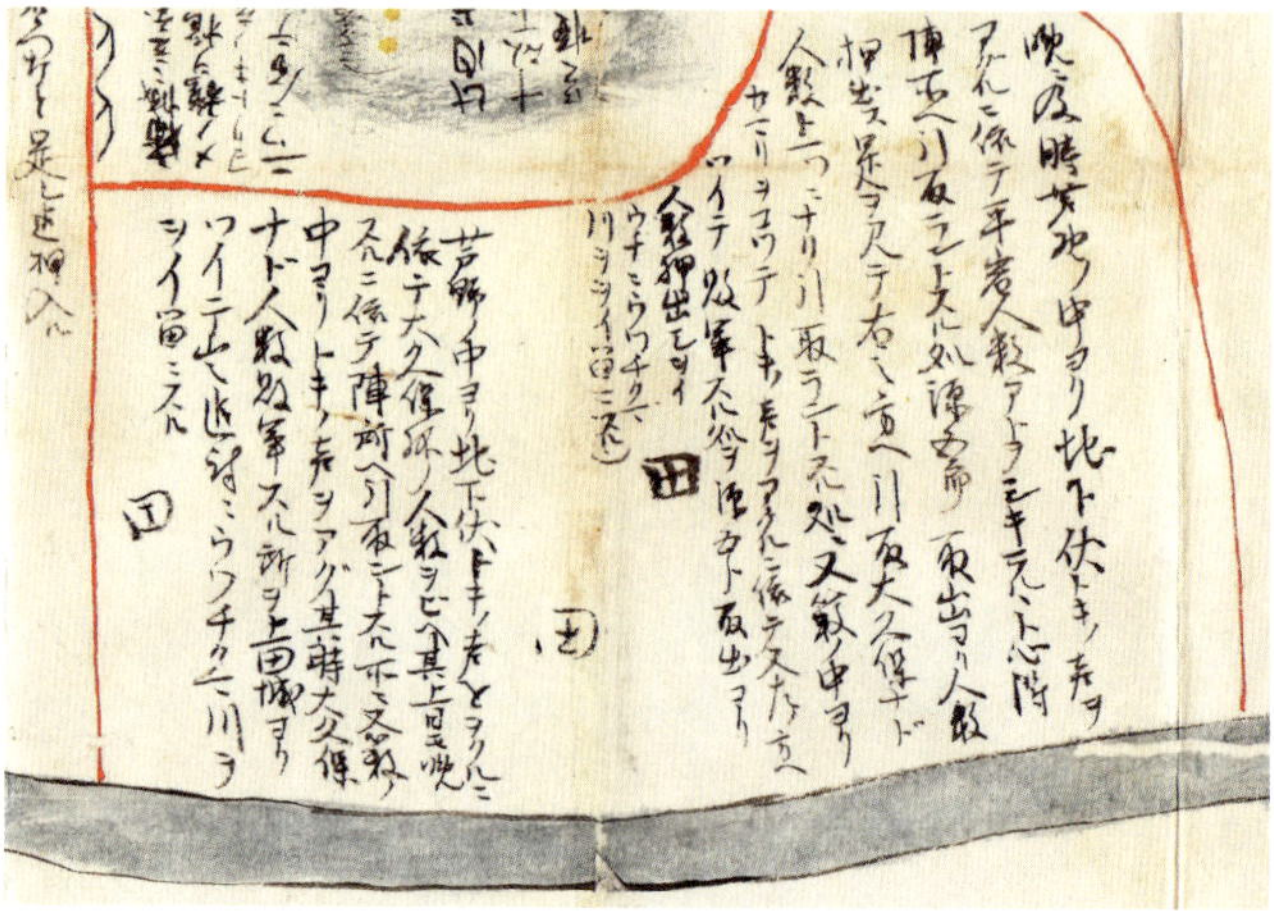

信州上田初之真田陣絵図　部分拡大

の軍勢によって退路をふさがれると思い、あわてて陣場へ撤退し始める。するとそこへ砦から出撃した信幸勢が迫ってきたので、これを見た平岩らは自分たちの右手を退却する大久保らの軍勢と合流して撤退しようとするが、そちらの藪のなかからも鬨の声があがったので左の方へ向きをかえ、殿軍《しんがりいくさ》*をしようとしたところに、信幸勢が襲いかかり、平岩ら*を川に追い詰めた。一方の大久保らが率いる軍勢も、陣場に撤退しようとしたところ、藪のなかの伏兵が鬨の声をあげたので、それに備えて殿軍をしようとしたところに、上田城から出撃した真田勢が襲いかかり、大久保ら*も川に追い詰められてしまった。

以上が、この「信州上田初之真田陣絵図」に描かれた上田合戦の様子である。後世の軍記のなかに、百姓が紙小旗をもって参加したという記述があることは知られ

---

* **殿軍**　兵を退却させるとき、敵の追撃から本隊を守るため、軍列の最後尾で戦う軍勢。また、敵の追撃に備えることそのものをいう。殿軍の二字で「しんがり」と読むが、「しんがりいくさ」とよむ場合は、追ってくる敵と戦うことの意。

* **平岩ら**　「信州上田初之真田陣絵図」は平岩らの動きについてつぎのように記す。

　晩ニ及時、芦野ノ中ヨリ地下伏トキノ声ヲアグルニ依テ平岩人数アトヲシ

ていたが、銃声で敵の動きを確認しながら応戦したこと、信幸勢や「地下伏」を三本の旗によって動かしたことなどを伝える史料は、これまで知られていなかった。

しかし、この絵図には疑問点も少なくない。たとえば、徳川方の鳥居元忠の名がみえないのはなぜだろうか。また、他の諸書は徳川勢が神川に追い詰められたと記す。ところが、この絵図は千曲川に追い詰められたとしている。この絵図の作成者は、神川と千曲川を混同しているのかもしれない。今後もこの絵図の研究をつづける必要がある。

結果とその後

閏八月二日の激戦で、上杉方から派遣された援軍がどの程度の働きをしたかはよくわからないが、真田氏は徳川勢を迎撃した。徳川軍は、家康が出馬していなかったとはいえ、歴戦の強者を多数差し向け、真田方をはるかに上回る兵力を動員していたはずである。にもかかわらず、多数の死傷者を出して、敗走した。そして、上田城奪還はおろか、その後の丸子城や尾野山城の奪取も失敗する。しかし、徳川家康は上田攻略をあきらめていない。徳川軍は小諸・佐久にとどまり、ふたたび攻撃する機会をうかがっていた。

家康は北条氏に上州沼田・吾妻への侵攻を依頼していたらしい。真田方の国衆を撃破していた北条氏邦は、九月初旬に沼田城を包囲。沼田城代矢沢綱頼らがこれを必死に迎撃していた。小県で徳川方と対峙している真田昌幸は、沼田を救援できない。上州の国衆も矢沢綱頼も、上杉景勝に援軍を要請したが、当時の景勝は小県へ

キラル、ト心得、陣所へ引取ラントスル処、源五郎ノ取手ヨリ人数押出ス、是ヲ見テ右之方へ引取大久保ナド人数ト一ツニナリ引取ラントスル処ニ又藪ノ中ヨリカマリヲコツテトキノ声ヲアグルニ依テ又左ノ方へツイテ殿軍スル処ヲ源五郎取手ヨリ人数押出シ、ヲイウチニウツ、チクマ川ヲイ留ニスル也

＊**大久保ら**　大久保らの動きについてつぎのように記している。

芦野ノ中ヨリ地下伏トキノ声をヲクルニ依テ大久保抔ノ人数ヲビへ其上日モ晩スルニ依テ陣所へ引取ントスル所ニ又藪ノ中ヨリトキノ声ヲアグ、其時大久保ナド人数殿軍スル所ヲ上田城ヨリツイテ出、追討ニウツ、チクマ川ヲイ留ニスル

の援軍もようやく派遣したというのが実情であったから、上州へ援軍を送り込む余力などなかった。小県を徳川氏に狙われ、沼田・吾妻を北条氏に攻撃されつづけたら、昌幸といえども、この難局を単独で切り抜けられるわけはなかった。

こうした展開を予想していた昌幸は、第一次上田合戦の最中から羽柴秀吉に接近して、その支援を求めようとしていた。すでに秀吉に帰属していた上杉景勝も了承していたことだろう。十月十七日、秀吉は昌幸への返事で、昌幸の望みどおり真田氏を援助すると約束し、さらに十一月十九日付の条目で、家康を成敗するつもりであること、来年一月には出陣するから、そのさいには参陣すること、信濃・甲斐のことは小笠原貞慶《おがさわらさだよし》*・木曾義昌と相談して計略を進めることなどを伝えてきた。家康との再戦の可能性がある秀吉は、昌幸を味方に付けて信濃での勢力を拡大し、徳川氏を牽制したいと考えていたのだろう。

さらに、十一月十五日、信濃・甲斐に配置されていた平岩親吉・芝田康忠・大久保忠世らが突如として浜松へ帰還し、昌幸を驚かせた。実は同月十三日、家康の重臣で岡崎城代であった石川数正《いしかわかずまさ》*が、秀吉の誘いに応じて尾張に出奔したのである。すぐに昌幸は、徳川方の支配領域であった佐久郡へ勢力を拡大しようとするが、その後、天正大地震*の影響もあって、秀吉と家康は和睦することになり、秀吉は信濃に「矢留《やどめ》*」を発令した。

---

* **小笠原貞慶**　小笠原長時の三男。父とともに信玄に敗れ、信濃を追われ、のち家康に従い深志（松本）にもどった。
* **石川数正**　徳川家康のもとから出奔、羽柴秀吉に臣従した。秀吉にも大名としてとりたてられ、天正十八年、信濃国深志（松本）城主となる。
* **天正大地震**　天正十四年（一五八六）十一月二十九日、内陸部を震源とする推定マグニチュード八程度の大地震が発生し、関西・中部地方に甚大な被害をもたらした。
* **矢留**　停戦のこと。のちの惣無事と同様、紛争をやめ、秀吉の裁定に従うこと。

二　第二次上田合戦と上田城

真田父子、わかれる

慶長三年（一五九八）八月、豊臣秀吉が死去すると、徳川家康と石田三成ら豊臣恩顧の武将たちとの確執が深まる。慶長五年、家康が会津の上杉景勝征討を決め、諸大名に出陣を要請し、みずからも関東へ向かうと、石田三成は家康を打倒するため、真田信繁の舅大谷吉継らとともに毛利輝元《もうりてるもと》*を大坂城に招き、挙兵する。毛利・石田方（西軍）は、七月十七日に「内府ちかひの条々」で、家康のこれまでの行動や上杉討伐に正当性がないと糾弾した。家康は二十一日に江戸から出陣していたが、上杉攻めは正当性のない私戦とされたため、それを強行することが難しくなり、二十五日、下野の小山から引き返すことになる。一方、西軍は大坂の諸大名の屋敷から人質を取り、八月一日には徳川方の拠点伏見城を落とし、同十日には石田三成が美濃の大垣《おおがき》城*に入った。

徳川家康の出陣要請に従い宇都宮に向かっていた真田昌幸・信幸・信繁父子は、七月二十一日、下野の犬伏《いぬぶし》*に到着。その夜、昌幸のもとに、石田三成の使者が到着し、三奉行の連署状*が届けられると、昌幸は陣所に信幸・信繁兄弟を呼び寄せ、密談を行なったという。その結果、昌幸・信繁は上田に帰って石田方に、信幸は宇都

＊**毛利輝元**　（一五五三〜一六二五）毛利隆元の長男。父の死により家督を継ぎ、祖父元就の後見をうけ、その死後も叔父吉川元春、小早川隆景の補佐により、山陰・山陽一〇ヵ国を領国としたが、秀吉に従い、本拠を広島に移し、五大老の一人となった。

＊**大垣城**　大垣市の市街地中央部、牛屋川流域の平坦地に築かれた城。畿内と東国を結ぶ交通・軍事の要衝の地に位置した。

＊**犬伏**　下野国安蘇郡犬伏。現在の栃木県佐野市南部の一地区。

＊**三奉行の連署状**　長束正家・増田長盛・前田玄以の三名が連署した檄文。いわゆる五奉行から石田三成・浅野長政が抜けた後、この三名が豊臣家の実務を支えていた。

宮に進んで徳川方に味方することとした。いわゆる「犬伏の別れ」であるが、この密談とその内容は後世の軍記にしかみえず、平山優氏は、ここでの話し合いの結果、親子兄弟が敵味方に分かれたというのは事実ではないと指摘している。

三成とともに挙兵した大谷吉継は昌幸・信繁が大坂に出していた人質の身柄を確保して、七月三十日付の書状で昌幸と信繁に、「妻子は自分がお預かりしている。当方へ味方されるようお願いしたい」と記しているが、その書状には、「伊豆殿女中改候間、去年くたり候」すなわち信幸の「女中」は去年国元に下ったとある。この「女中」に信幸の妻が含まれているとすれば、信幸はすでに前年に妻を国元に帰していたのであり、それは信幸が徳川方の一員として行動することを前提として、家康に許可されてのことだったと考えられるからである。

犬伏から引き返し、吾妻道を上田へ向かう昌幸・信繁父子は、途中の沼田城を乗っ取ろうとしたという。昌幸が沼田城に入ろうとすると、信幸の留守を預かる妻の小松殿*が拒絶し、「無理に城に入ろうとするなら舅といえども容赦しません」と威嚇したため昌幸は困り、「孫の顔を見たいだけだ」と伝えると、小松殿は子どもを連れて城を出て昌幸に孫の顔を見せ、沼田を去らせたという。このエピソードはよく知られているが、大谷吉継が信幸の妻の身柄も確保していたとすれば、この話は後世の創作ということになる。信幸の妻が国元に戻っていればあり得る話だということになるが、その場合は、犬伏で密談するまでもなく、信幸が家康に従って行動

＊小松殿　真田信幸の正室。徳川氏譜代家臣本多忠勝の娘で、稲姫《いなひめ》とも称される。信政、信重らを産んだ。

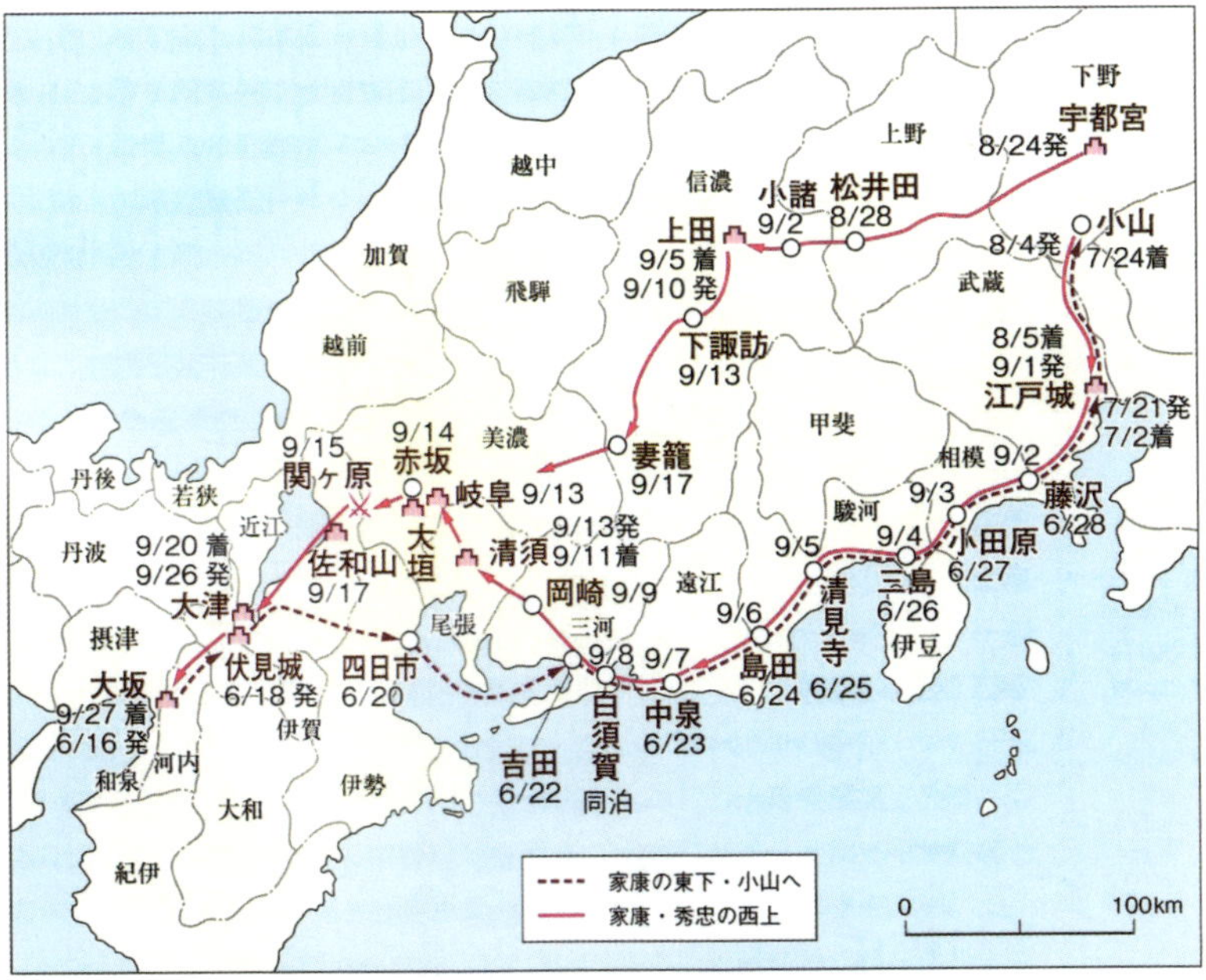

徳川家康・秀忠の動きと関ヶ原合戦
本多忠成『徳川家康と関ヶ原の戦い』より

することは既定路線だった可能性が高い。

信幸は昌幸が敵になることをすぐに報告したらしく、七月二十四日には徳川家康から褒賞され、二十七日には昌幸を討った後は小県郡も信幸に安堵すると約束されている。一方、上田に帰った昌幸は、石田三成らに対して当初厳しい態度で臨み、自分や信幸の去就を伝えなかった。西軍に味方した場合に得られる待遇をより良いものにするつもりだったのだろう。三成は八月五日付の書状で昌幸に信濃一国を与えるとし、さらに同六日付の書状で信濃に加え甲斐も実力で制圧した地域は自分の領土としてかまわないと約束する。ここでようやく昌幸は西軍に味方することと信幸は徳川方になったことを伝えた。しかし、昌幸と三成の見通しには甘いところがあり、三成は六日の書状で昌幸に、美濃から援軍を差し向けると約束しており、昌幸もそれを期待していたはずだが、それは結局実現しない。

上杉征討に動員されていた福島正則《ふくしままさのり》＊ら豊臣系の武将たちは、三成との決戦のために東海道を尾張へ向かったが、家康は八月五日に江戸城に戻った後、一ヵ月近くも動かない。まず、会津の上杉氏や常陸の佐竹氏＊らへの備えを固める必要があった。そして何より豊臣系の武将たちを信用できなかった。家康は彼らがどのように動くか予測できず、彼らと行動をともにしてよいかどうか見極める必要があったのである。

徳川譜代の大名たちの多くは宇都宮にとどまって会津方面への警戒体制を固めていたが、八月二十四日、「真田表《おもて》＊の仕置き」すなわち上田の昌幸・信繁を討つため、徳川秀忠＊に率いられて宇都宮を出発する。信幸も合流して中山道を西に進み、九月一日には碓氷峠《うすい》を越えて、二日に小諸城に入った。秀忠が昌幸に開城するよう勧告すると九月三日、昌幸は信幸のもとへ使者を派遣し、「頭を剃って秀忠のもとに出向き、降参する」と伝えてきたので、秀忠はよろこび、上田城を明け渡せば赦免す

＊福島正則　（一五六一～一六二四）幼少より秀吉に近侍。文禄四年（一五九五）尾張国清須（清洲）二四万石。関ヶ原の戦いには徳川家康に味方し、安芸・備後両国五〇万石の大名となり広島城に入った。

＊佐竹氏　戦国時代末期、佐竹義重は、北条・伊達氏と抗争しつつも、北関東に強大な勢力を築き上げ、その子義宣は、天正十八年（一五九〇）太田から水戸へ進出し、秀吉から五四万五八〇〇石を認められた。

＊真田表　真田氏の支配する地域。「表」は、ある方向の土地、地方の意。当時、「上田」という地名はあまり知られていなかった。

＊徳川秀忠　（一五七九～一六三二）徳川家康の三男。秀吉の偏諱を受けて秀忠と名のる。浅井長政の三女と結婚、長女千姫をもうける。

ると伝える。ところが翌四日、昌幸が態度を変え、西軍として戦うと伝えてきた。この日の昌幸について秀忠は、「存分を申し候間、赦免能わず（昌幸は言いたい放題だったので許し難い）」と怒りを隠さず、上田城攻撃を決定した。五日、秀忠は信幸に砥石城攻略を命じ、信幸は同城に向かったが、真田方はこれを知ると城を退去し、信幸が砥石城に入る。六日には、石川三長《みつなが》*らの軍勢に冠者ヶ岳《かじゃがだけ》*城を攻略させ、秀忠みずからも染屋《そめや》*に布陣し、上田城への攻撃を開始した。

神川

この第二次上田合戦も、戦闘の詳細な経過を伝える同時代の史料はほとんどない。『上田軍記』など後世の軍記によれば、徳川三万八〇〇〇余人に対し、真田の兵は三〇〇〇足らずだったが、昌幸は上田城の北側につづく山林などに伏兵を配置し、さらに神川の水を上流でせき止めておき、挑発して徳川軍を城下へ誘いこみ、城の兵と伏兵に反撃させ、混乱した徳川軍を増水した神川に追い詰め、多数溺死させたという。第一次上田合戦の再現のような攻防が語られているが、どこまでが事実なのかよくわからない。

軍記では、秀忠はなおも上田城攻略に固執したが、九月七日に本多正信《ほんだまさのぶ》*らの諫言により上田攻め続行を断

---

* 石川三長　（?～一六四二）のちの家譜には康長とみえる。石川数正の長子。秀吉の養子となった徳川於義丸（結城秀康）に従い、浜松から大坂に赴く。父の遺領を継ぎ信濃国深志（松本）城主。

* 冠者ヶ岳城　小県郡の西部、青木村の北にそびえ立つ子檀嶺岳《こまゆみだけ》（標高一二二三メートル）の山頂に位置した戦国時代の山城。

* 染屋　上田市大字古里《ふるさと》、神科台地西寄り一帯。

* 本多正信　（一五三八～一六一六）家康の側近。三河一向一揆に参加して家康に敵対し、加賀（石川県）に逃れたこともあるが、天正十年（一五八二）には家康の側近となっていた。佐渡守。晩年は秀忠の側近に配され、家康の意を受けて秀忠を指導した。

念し、西上の途についたとされる。こうした軍記の影響は大きく、秀忠隊が関ヶ原に間に合わなかったのは、経験のない秀忠が昌幸の戦術にはまって時間を費やしてしまったからだと思われがちである。しかし、笠谷和比古氏らによって関ヶ原の合戦の再検討が進んでおり、この時の秀忠隊の評価も変わってきている。

まず、秀忠隊は当初から急いで上方へ向かわなければならなかったわけではなかった。秀忠隊の任務は、「真田表の仕置き」すなわち昌幸を討つことだったのであり、小県制圧後、西へ向かえばよかったのである。ところが、西軍との戦いを始めた福島正則ら東軍についた豊臣系の武将たちが予想以上の戦果を上げ、八月下旬には江戸の家康のもとに彼らが岐阜城*など西軍の拠点を攻略したとの知らせが届く。徳川の存在を示すためにも出陣しなければならなくなった家康は、秀忠隊も信濃の制圧はあとまわしにして急ぎ西へ向かうよう指示することにしたのである。しかし、それを伝達する使者が、川留めなどの影響で遅くなり、結局秀忠がその指示を受け取ったのは九月九日だったらしい。秀忠は翌日には西へ向けて移動を始めたようだが、十五日の関ヶ原に間に合うわけはなかった。

つまり、秀忠隊が関ヶ原に遅れたのは、家康の急な出陣とそれが秀忠に伝わるのが遅くなった結果であって、真田氏が秀忠隊を関ヶ原に遅参させたとは言えないのである。九月六日の戦いは真田方が勝利したらしいが、もし秀忠隊が当初の予定どおり上田攻めを続行していたら、どうなっていただろうか。城が堅固でも、後詰*の

＊**岐阜城**　岐阜市街地の北東部に位置する金華山（比高約三〇八メートル）の山頂にあった城。池田氏のあと、秀吉の養子秀勝、信忠の嫡子織田秀信が在城したが、関ヶ原の合戦直前の八月、秀信が西軍についたため東軍の攻撃を受け開城。翌年廃城となった。

＊**後詰**　「うしろづめ」「ごづめ」とも読む。援軍およびその救援行動。

小諸城の天守台　小諸市観光協会提供

望めない籠城戦に勝ち目はない。徳川の主力に包囲・攻撃されつづけたら、いずれ昌幸・信繁は降伏するほかなかっただろう。家康の方針転換によって上田は救われたと言えるかもしれない。

慶長の上田城

それにしても、九月五日から同九日までの五日間、徳川軍の上田城攻撃が精彩を欠いていたことは否めない。これについて、第二次上田合戦で徳川軍の総攻撃が行なわれず部分的な戦闘に終始したのは、織豊系城郭*としての上田城が、敵の攻撃を抑止する力も備えていた結果だ、という説が出されている（倉沢正幸説）。織豊系城郭の抑止力とは、どのようなものだったのだろうか。

山鹿素行《やまがそこう》の『武家事紀《ぶけじき》』*は、第一次上田合戦のさいに徳川軍は上田城を「天守もなき小城」と侮ったと記している。確かに、天正十三年（一五八五）の上田城には天守も高い石垣もなく、堀と土塁、掘立柱で板葺きの建物だけだったと考えられる。安土《あづち》城*以降、畿内とその周辺では高石垣に瓦葺きの礎石建物を備えた織豊系城郭が発達していたが、当時の東国にはまだそうした城がひろまっていなかった。

ところが、天正十八年の家康の関東移封にともない、信濃の諸将も関東に移され、

---

* 織豊系城郭　織田・豊臣政権下で発達・普及した城の形式。特徴は、高石垣の多用と、建物の基礎が礎石で瓦葺きであること。
* 『武家事紀』　延宝元年（一六七三）成立の武家の百科全書。山鹿素行著。中国に対し日本の武徳の優位を説くため、将軍・名将の逸話とあわせ、諸大名とその家臣の事歴をも詳述。
* 安土城　琵琶湖東岸の安土山（滋賀県近江八幡市と東近江市の市境）にあった城。織田信長が天正四年（一五七六）から築城を開始。天正十年、本能寺の変のさいの混乱で建物は焼失。

松本城天守　松本城管理事務所提供

かわりに秀吉配下の大名が配置される。真田昌幸が上田を安堵されたのは例外的で、松本に石川数正、諏訪に日根野高吉《ひねのたかよし》*、小諸に仙石秀久*が入った。そして彼らは居城を織豊系城郭に造りかえてしまう。昌幸も上田城の大改修をしたはずである。上田城は、関ヶ原の合戦の後に破却されてしまい、寛永三年（一六二六）から仙石氏*によって再建されているので、昌幸が造営した上田城の姿はよくわからなくなった。しかし、その姿を考える手がかりはある。松本城や小諸城からは、桃山（豊臣）期特有の金箔瓦が出土しており、かつての城の姿を考える材料となっている。

上田城跡でも、一九九〇・九一年の発掘調査で本丸堀の北西部から金箔鯱瓦《しゃちがわら》が出土した。頭や尾を欠くが、安土城跡出土の鯱瓦などと同様、部分的に金箔を貼っている。同所および本丸堀の南西部から菊花文の軒丸瓦《のきまるがわら》*も多数出土した。八〜九枚の二重花弁の菊花をかたどったもので、秀吉の大坂城、聚楽第《じゅらくだい》、伏見城によく似た文様の瓦がみられる。さらに、桃山期の特徴がみられる三巴文の軒丸瓦や、聚楽第や伏見城で出土している軒平瓦《のきひらがわら》*とよく似た均整唐草文の軒平瓦も多数みつかった。また、同じく桃山期のものとみられる五七桐文の鬼瓦も発見されている。これ

* **日根野高吉**　（一五三九〜一六〇〇）美濃（岐阜県）出身。秀吉に仕え、天正十八年（一五九〇）、信濃諏訪郡二万七〇〇〇石。諏訪湖畔に高島城を築く。のち徳川家康に仕えた。
* **仙石秀久**　（一五五一〜一六一四）秀吉に仕えたが、天正十四年（一五八六）、九州征伐の先鋒となり、豊後戸次（大野）川で大敗。所領を没収され、高野山で謹慎。同十八年、小田原攻めに徳川家康を頼って従軍、信濃佐久郡で五万石を与えられ、小諸城主となる。
* **仙石氏**　仙石忠政が嗣いで上田城に移り、宝永三年（一七〇六）子の政明の時、上田から但馬（兵庫県）出石に入り五万八〇〇〇石。
* **軒丸瓦**　軒先に葺かれる丸い瓦。
* **軒平瓦**　軒丸瓦とセットで軒先に葺かれる瓦。

らから、昌幸が造営した上田城が、瓦葺きの建築をもつ織豊系城郭になっていたことはまちがいない。

仙石氏が再建した上田城には天守がなかった。昌幸の上田城についても、『武家事紀』の記述などから、なかっただろうといわれることがある。しかし、松本城は文禄二年（一五九三）に小天守の建設が始まり、慶長年間には五層の天守が完成した。小諸城も慶長の初めには高石垣の天守台に三層の天守が造営されたと考えられる。諏訪の高島城にも三層の天守がそびえた。さらに、信幸の沼田城も、慶長の初めには天守が造営されており、その規模は五層だった可能性がある。沼田城本丸の天守台推定地周辺の発掘調査で、真田氏時代の天守に使われていたものとみられる金箔瓦や軒瓦が出土した。その中に、上田城跡出土のものと、よく似た菊花文の軒丸瓦があり、同じ技法を真田一族内で共有していたとみてよいだろう。上田城にも天守が造営された可能性は高く、その規模は現在のところ確認されている鯱瓦の寸法*から三層程度、位置は本丸北西隅と推定されている。

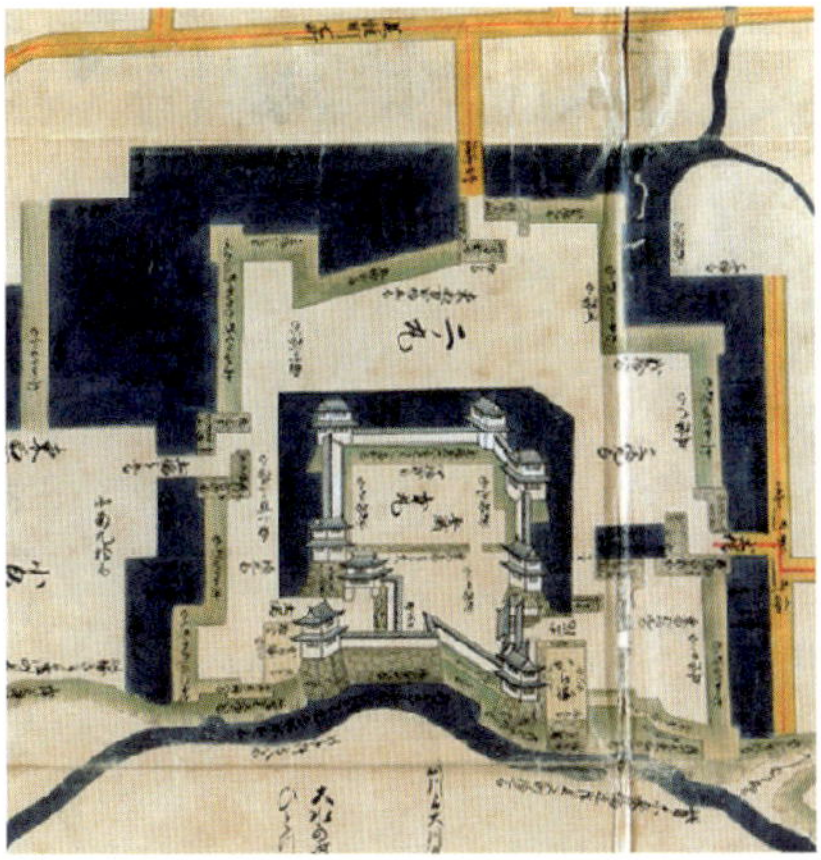
正保の信州上田城絵図　国立公文書館蔵

＊鯱瓦の寸法　高さ八七センチで、安土城や広島城の櫓・櫓門の金箔鯱瓦の大きさと近似。

昌幸・信幸・信繁は、文禄三年（一五九四）から伏見城の普請役*を割り当てられていた。この普請が、高石垣、瓦葺の櫓《やぐら》・天守といった織豊系城郭の具体的な築造技術を習得する機会になっただろう。先述のとおり上田城跡からは伏見城に使われていた金箔瓦や菊花文軒丸瓦とよく似た瓦が出土している。おそらく翌文禄四年以降、第二次上田合戦までの慶長年間初期に上田城は大改修され、織豊系城郭に生まれ変わったと考えられよう。

織豊系城郭の特徴の一つは、金箔瓦に象徴される「見せる」ことを強く意識した意匠にあるのだが、昌幸の上田城で見のがせないのは、高い防御力を備えた城域の大きさである。仙石氏が再建した上田城は、三の丸はおろか、二の丸でさえも櫓や櫓門などの建築が無く、城郭建築が造営されていたのは本丸だけだった。ところが、二の丸には七つの櫓台状の遺構があり、そのうちのひとつ北西隅の櫓台下、現在、上田市営野球場の一塁側（東側）スタンドに使われている土居《どい》北端付近から昭和初年に金箔鬼瓦が出土している。また、その近くから、金箔鳥衾瓦《とりぶすまかわら》*も出土した。径が十八センチもある鳥衾瓦で、昌幸の時代には、この二の丸の北西隅に金箔の鬼瓦や鳥衾瓦を使う櫓があったとみてよい。そして、北西隅櫓が存在したのだとすれば、二の丸の他の櫓台にも、それなりの規模の櫓がそびえていたはずである。

石垣にも注意したい。仙石氏は再建時に石垣も積み直しており、緑色凝灰岩*を用いた本丸の櫓台や虎口《こぐち》*は、仙石氏によって積み直されていることがあきらかなのだ

---

* **普請役**　築城工事や堤防・堰・用水路・橋・道路などの修築のため、家臣や領国民に賦課した課役。

* **鳥衾瓦**　棟の両端などから突き出すような形で使われる長く反った筒状の瓦。

* **凝灰岩**　堆積岩の一つで、火山灰をはじめとする直径四ミリ以下の火山噴出物が固まってできた岩石。もろいが加工しやすく、建築・土木用石材とする。

* **虎口**　城郭や陣営などの最も要所にあたる出入口。

が、城内に何ヵ所か真田氏時代の石垣の痕跡とみられるところがある。たとえば、真田神社*南側崖面下の石垣や本丸西虎口の土橋《とばし》南側の石垣などは、安山岩*を用いた野面積《のづらづ》み*で、真田氏時代に積まれたものとみられる。そうした野面積みの石垣を探すと、二の丸北虎口北側の石垣も古風な野面積みで、真田氏時代に積まれていたものを仙石氏が再利用したのだと考えられる。そうだとすれば、真田氏時代、二の丸でも虎口などの要所は高石垣が用いられており、そこに櫓門が構えられていた可能性が高い。

さらに、現在上田市民体育館のある小泉曲輪《こいずみくるわ》からも、桃山期の菊花文軒丸瓦が出土した。また、同曲輪の西方の空堀《からぼり》からは、江戸時代中期の延享四年（一七四七）に金箔鯱瓦が出土したと伝えられている。小泉曲輪は「捨曲輪《すてぐるわ》」だったと言わ

鯱瓦

上田城跡出土金箔瓦　上田市立博物館蔵

＊**真田神社**　本来は、仙石氏のあとに藩主となり幕末を迎えた松平氏歴代を祀った松平神社であったが、明治以降、真田氏の人気が高まると、昌幸・幸村らを合祀し、社名も真田神社と改称した。

＊**安山岩**　（アンデス山脈の火山岩に命名されたandesiteから）火山岩の一。日本で最も普通の火山岩で、土木・建築材や墓石などに使用。

＊**野面積み**　自然石を加工しないで割ったまま積む石垣の積み方。

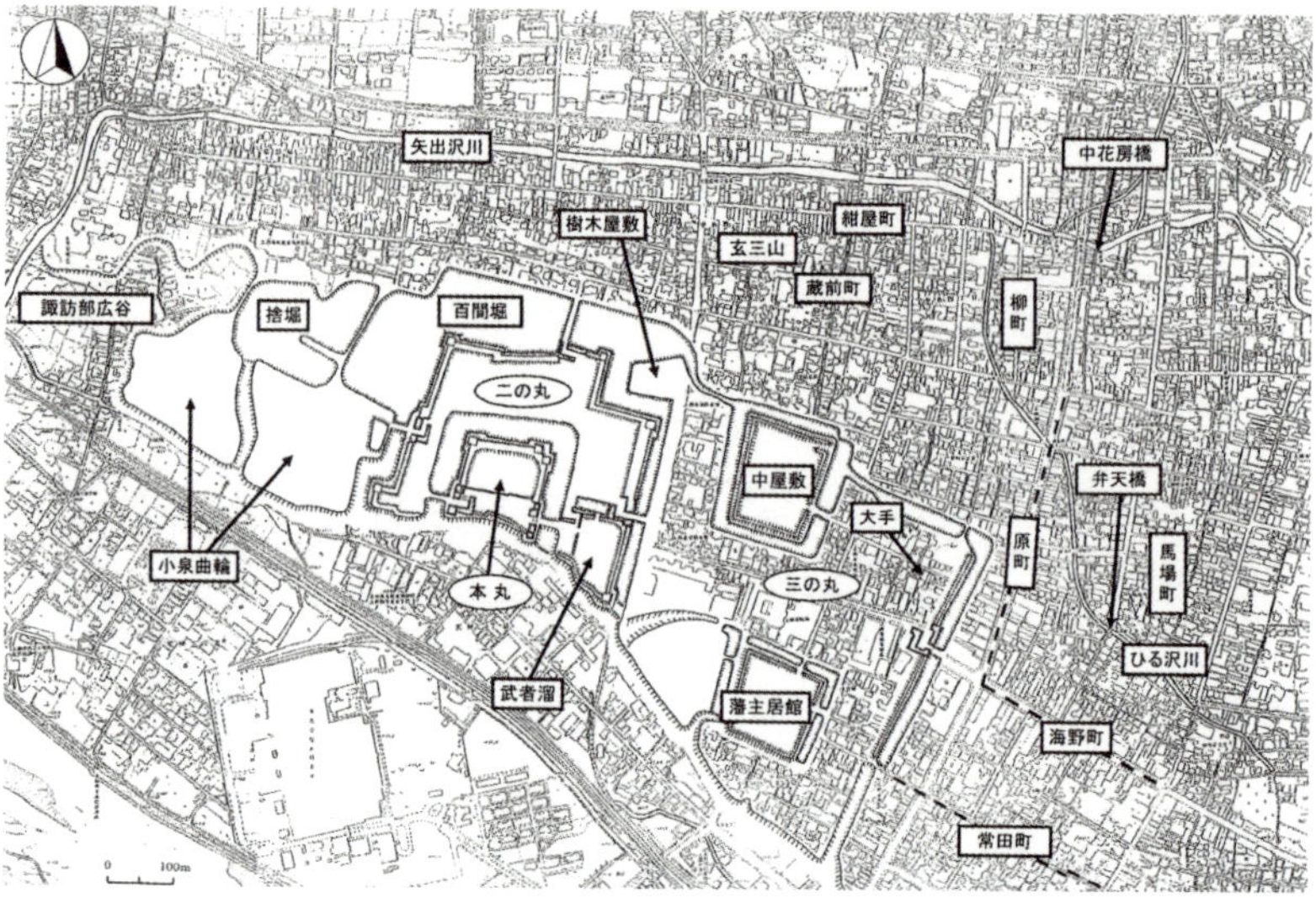

上田城縄張図　尾見智志氏作図

れ、確かに仙石氏以降は建物も見られなかったが、昌幸の時代にはここにも瓦葺きの櫓があったにちがいない。小泉曲輪にまで、瓦葺きの櫓がそびえていたとすると、城の東方、のちの三の丸・大手口方面にも、これと同等かそれ以上の建築物がそびえていたと考えた方がよいだろう。仙石氏以降、三の丸の大手口には門もつくられなかったようだが、三の丸を囲む堀は中屋敷*の堀につながり、さらに二の丸の堀へとつながっており、かつて「惣構」と称されていた。その要所に、櫓や櫓門などが造営されていた可能性がある。昌幸の上田城は、現在上田城跡で

＊ **中屋敷**　上田城三の丸の現在の清明小学校の場所にあった施設。仙石氏の時に、「中屋敷」と称されるようになり、その後、「御作事」に変わり、周囲の堀も徐々に埋め立てられていった。

体感できる仙石氏以降の上田城よりもはるかに規模が大きく、堅固な防御力を誇っていたに違いない。それは確かに抑止力となっただろう。

しかし、西軍は敗れた。その後も、昌幸・信繁は森忠政《もりただまさ》*の軍勢が守る葛尾城を奪取しようと攻撃しているが、葛尾城は落ちない。信繁の舅大谷吉継は関ヶ原で戦死。石田三成らは逃亡したが捕縛され、十月に処刑された。孤立した昌幸・信繁は、信幸らの説得もあり、降伏する。昌幸・信繁も、死を覚悟していたに違いない。しかし信幸が、本多正信や舅本多忠勝を通じて、父と弟の命だけは助けて欲しいと嘆願した結果、家康は昌幸・信繁を高野山へ追放とする。慶長五年（一六〇〇）十二月、昌幸・信繁は従者とともに高野山へ向かった。徳川方に接収された上田城は、在番《ざいばん》*の諏方頼水《すわよりみず》・依田信守《よだのぶもり》・大井政成《おおいまさなり》ら、信濃出身の諸将によって破壊された。

三　大坂の陣と真田丸

大坂冬の陣

真田信繁が活躍した大坂の陣について考えるさいに、近年重視されているキイワードは、「牢人《ろうにん》」と「二つの公儀」である。豊臣政権の内部分裂から始まった関ヶ原の合戦の結果、西軍に与した大名の多くが改易《かいえき》*・処刑され、職を

＊**森忠政**　（一五七〇～一六三四）織田信長に仕えた美濃金山城主森可成の六男。秀吉に仕え羽柴姓も得たが、秀吉死後は徳川家康に仕え、慶長五年（一六〇〇）、信濃の海津城主となる。

＊**在番**　大名の改易などのさいに、他の大名が一時その城地の警備の任にあたること。

＊**改易**　改め易《か》えること。職務の交替。

失った武士すなわち牢人が大量に発生した。信繁もその一人だったわけだが、大坂の陣は信繁のような牢人たちにとって、またとない活躍の場だった。しかし、彼らが戦いを望んだことで、豊臣家の滅亡は決定的になったとも言える。

江戸幕府が開かれたからといって、すぐに日本全国が一元的に幕府の支配下におかれたわけではない。豊臣秀頼が近い将来関白に就任することは既定路線であり、慶長八年（一六〇三）、家康が将軍になってからは、徳川の公儀と豊臣の公儀とが併存していた。家康は一貫して豊臣家を滅亡させようと考えていたとイメージされがちだが、家康にとっても当面は豊臣と徳川との婚姻すなわち秀忠の娘千姫を秀頼に嫁がせることにより、「二つの公儀」が一つの家のようになって共存共栄することが重要だった。慶長二十年に大坂の陣で豊臣氏が滅亡するまで、牢人はもちろん、大名のなかにも豊臣の威光を尊重するものが少なくなかったのである。

家康が豊臣の公儀を消そうと考えるようになったことは確かだろう。諸大名にその実力を認められているわけではない二代将軍秀忠は、「二つの公儀」の均衡を保つことができず、最悪の場合、関ケ原の合戦の復讐戦が勃発し、徳川氏は危機に瀕するかもしれない。そうした心配が強まり、豊臣の公儀を消滅させようと考え始めた。しかしそれは豊臣家そのものを消し去らなくとも、一大名に引きずり下ろせばよいことで、家康はそのためのかけひきを大坂の陣直前までつづける。

家康は、秀頼に臣下の礼を求めるが、秀頼は徳川の配下となるつもりはなく、家

＊方広寺　京都市東山区茶屋町にある天台宗の寺。天正十四年（一五八六）、秀吉の発願によって着工、天正十七年に木造毘盧舎那仏（大仏）が完成したが、慶長元年（一五九六）の大地震により倒壊。慶長十五年から豊臣秀頼が金銅大仏を再興。

＊清韓（？～一六二一）　江戸初期の臨済宗の僧。伊勢の中尾氏出身。慶長五年（一六〇〇）、東福寺住持、ついで南禅寺住持となる。

＊浅野長政（一五四七～一六一一）　近江の出身で、秀吉に仕えた。五奉行の一人。甲斐国の領主となる。関ケ原の戦いでは徳川方に加勢した。

＊加藤清正（一五六二～一六一一）　尾張国出身。賤ケ岳七本槍の一人。秀吉に仕えて戦功多く、肥後熊本城主となる。

＊浅野幸長（一五七六～

康を焦らせた。そこに方広寺*鐘銘事件が起きる。徳川方が鐘銘の中から「家」「康」の文字を強引に見つけ出して事件に仕立てあげた謀略であったかのように思われがちだが、鐘銘を撰定した清韓《せいかん》*が「家康」と「豊臣」を意識的に織り込んで「国家安康」「君臣豊楽」の二句八文字を撰文したのであり、諱《いみな》を無断で使われた家康が不快に思い、呪詛・調伏《ちょうふく》を疑うのは当然であった。豊臣方が、一触即発の状況をつくってしまったと言えよう。

豊臣家にとって不幸だったのは、慶長十六年に浅野長政《あさのながまさ》*と加藤清正*が、同十八年に浅野幸長《よしなが》*、翌十九年には前田利長《まえだとしなが》*が死去し、秀頼を補佐して、家臣をまとめる人材が乏しくなったことであろう。家康は、秀頼の転封、人質提出、駿府・江戸への参勤などを求め、豊臣家を一大名として存続させる道を模索したが、秀頼はいずれも拒否。取次の片桐且元《かたぎりかつもと》*が排除されたことで交渉は決裂した。慶長十九年十月、大《おお》野《の》治長《はるなが》*・同治房《はるふさ》*・織田有楽《おだうらく》*・木村重成《きむらしげなり》*・渡辺糺《わたなべただす》*らの合議により開戦に決定し、真田信繁・長宗我部盛親《ちょうそかべもりちか》*・後藤基次《ごとうもとつぐ》*・毛利勝永《もうりかつなが》*・明石全登《あかしてるずみ》*ら牢人を入城させ、兵糧・武器の調達も急いだ。籠城した将兵は、およそ九万余と伝えられるが正確な数はわからない。これに対し家康は、諸大名に出陣の準備を命じ、十月十一日にはみずからも駿府を出発。二十三日には京都二条城に入った。将軍秀忠も五万余の兵を率いて江戸城を出発し、十一月十日伏見に到着。軍議の後、家康・秀忠は摂津に向かい、十八日家康は茶臼山《ちゃうすやま》*に本陣を置いた。徳川方動員総数十九万余。日本史上最

一六一三）和歌山藩主。長政の子。子がなく弟長晟《ながあきら》が襲《つ》いだ。

* **前田利長**（一五六二～一六一四）加賀藩主前田利家の子。父の遺領を継ぎ、五大老の一人となる。

* **片桐且元**（一五五六～一六一五）秀吉に仕え、賤ヶ岳七本槍の一人。秀頼付の諸奉公人、側近を監察する地位についた。

* **大野治長**（?～一六一五）母の大蔵卿局が淀殿の乳母であったことから秀吉に仕えた。

* **大野治房**（?～一六一五）母は大蔵卿局。大野治長の弟。通称は主馬。

* **織田有楽**（一五四七～一六二一）織田信長の弟。

* **木村重成**（?～一六一五）母の右京大夫局が豊臣秀頼の乳母で、重成も幼時から秀頼に仕えた。

* **渡辺糺**（?～一六一五）内蔵助を称す。槍術家。

大坂冬の陣　布陣図

NHK・NHKプロモーション特別展『真田丸』図録より

* **長宗我部盛親**　（一五七五～一六一五）元親の子。関ケ原の戦いで敗れ、領国土佐を没収された。

* **後藤基次**　（?～一六一五）通称又兵衛。黒田孝高に養育され、長政に仕えたが、長政に嫌われ、浪人として大坂に隠棲。

* **毛利勝永**　（?～一六一五）関ケ原の戦いで西軍に属し、敗れて土佐の山内一豊に預けられる。

* **明石全登**　宇喜多秀家につかえ、関ケ原の戦いで西軍に属して敗れ、筑前秋月に住んだ。

* **茶臼山**　大阪市天王寺区茶臼山町。天王寺公園のなかにある比高約八㍍の丘。

* **前田利常**　（一五九四～一六五八）前田利家の四男。徳川秀忠の娘と結婚。兄利

大の攻城戦、大坂冬の陣の始まりである。

冬の陣で徳川方が最も大きな損害を出したのは真田丸の攻防であった。真田丸は、この戦いにさいして大坂城惣構の外に構築された出城のひとつである。真田丸が攻撃を受けたのは、十二月四日のことで、『当代記』などによれば、前田利常《まえだとしつね》*・松平《まつだいら》忠直《ただなお》*・井伊直孝《いいなおたか》*らが真田丸に攻めかかったところ、鉄炮による迎撃で多数が死傷し、これを知った家康と秀忠は激怒したという。また『前田家大坂冬陣日記』によると、真田丸の前の「篠山（笹山）」を前田隊が乗っ取ったものの、そのさいに多数の死傷者を出したとある。家康・秀忠は、ただちに撤退を命じたという。

真田丸の実像をめぐって

大坂城は上町台地《うえまちだいち》*の北端に築かれ、北は淀《よど》川、東も平野川と湿地帯、西は湿地帯と大坂湾が控えており、城に接近するには南側、すなわち天王寺方面からが最も容易であった。秀吉はこの弱点を認識していて、晩年、南側の台地を分断するように惣構を築き、弱点を克服しようとしていた。

惣構の西寄りは複雑な折れをもつ土塁・空堀が築造されていたが、東寄りは自然の谷を利用していたため、寄手が取り付きやすかったと考えられる。真田丸は、この惣構の東寄りに位置した。惣構に迫る敵に横矢をかけ、大坂城南東部の防御力を増強するための出城として築造されたと考えられる。真田信繁が築いたとされるが、大坂方はここ以外にも木津川・博労淵《ばくろうぶち》*・鴫野《しぎの》*・今福《いまふく》*などに砦を構築していたから、この砦も当初から計画されていたはずで、誰が構築し始めたものかはわからない。

長の隠居で加賀金沢藩主第三代となる。

* **松平忠直**　（一五九五～一六五〇）結城秀康の長男。妻は徳川秀忠の娘。越前北庄藩主松平家二代。

* **井伊直孝**　（一五九〇～一六五九）井伊直政の次男。彦根藩主井伊家二代。

* **上町台地**　大阪市内を南北に走る台地。大阪平野を大阪海岸低地と河内低地に二分する。

* **博労淵**　現在の大阪市西区新町付近。立売堀西之町の南にあり、木津川東岸に沿う。冬の陣では大坂方の薄田兼相が布陣した。

* **鴫野**　城東区鴫野。新喜多新田の南。西端で平野川・猫間川が合流、鴫野橋の下手で寝屋川に注ぐ。北には着船場があった。

* **今福**　城東区今福。この付近は、川幅が広く、周辺はすべて水田で、堤上のほかに通路がなかった。

大坂冬の陣図屏風に描かれた真田出丸
東京国立博物館蔵

信繁がここを守ったことは確かで、「真田出丸」などと呼ばれるようになるが、実際には真田勢だけで守っていたわけではなく、長宗我部盛親らと分担して守備していた。

真田丸の効果は絶大だったようで、徳川方はついに大坂城の惣構を突破することはできなかった。家康・秀忠は惣構を力攻めさせず、和睦交渉を始めるとともに、あらかじめ用意させておいた大筒《おおづつ》・石《いし》火矢《びや》*による大坂城内の砲撃を命じ、また淀川を堰留めて水堀の水位を低め、城内地下へ坑道を掘らせている。十二月二十日に成立した和睦で、大坂城の惣構は破却し埋めたてることになり、元和元年（一六一五）正月中旬にはほとんどの

---

* 大筒・石火矢　大砲。国崩し・仏郎機あるいは大鉄砲などとも称された。

堀の埋め立て工事をおえた。惣構とともに、真田丸をはじめとする出城も破却されたことはまちがいない。

近年、真田丸の位置と構造の解明をめざす新研究が相次いで発表されている。同時代の文献史料が限られており、発掘調査による考古学的知見もない。さらに、徳川方を最も悩ませた出城であったから、徹底的に破壊されたはずで、現地の地形は大きく改変されていると考えざるをえない。夏の陣の前に大坂方は埋められた堀の一部を掘り返したらしいから、真田丸付近も再度取り立てられ、手が加えられた可能性があって、事態は複雑である。こうしたなか、真田丸の姿を探る重要な手がかりになっているのは、絵図である。

千田嘉博・坂井尚登・平山優の三氏は、浅野文庫*蔵「諸国古城之図*」の「摂津真田出丸」（以下、浅野文庫本）を、江戸時代に現地踏査を踏まえて描かれた信頼性の高い絵図だと評価し、それをもとに真田丸が馬出《うまだし》の本体と北側の小曲輪からなり、従来の推定よりも巨大であったとみる。かつて真田丸は、南北二二〇メートル、東西一四〇メートルほどの大きさで、その形は丸馬出*すなわち半円形だと考えられていた。しかし、その形状は丸馬出ではなく台形に近く、坂井氏によればその規模は南北（北側の小曲輪を含む）二七〇メートル、東西二八〇メートル（堀幅を除く）であったという。

真田丸の跡地は天王寺区餌差町、大阪明星学園敷地付近と推定されている。その東方の三光《さんこう》神社*周辺も「真田山」と称され、三光神社前の崖下に「真田の抜け穴」

＊ **浅野文庫**　安芸国広島藩主であった浅野家伝来の文書・典籍などを収蔵。

＊ **「諸国古城之図」**　旧広島藩主浅野家に伝えられた城絵図集で、東北から九州までの各地の古城を描いた絵図一七七枚からなる。とりあげられた城の大部分は、江戸時代前期の時点ですでに廃城となっていたもの。

＊ **丸馬出**　城門外の堀対岸に設けられた小さな郭を馬出という。三方を土塁によって囲まれ、人馬の出入りを隠すとともに、虎口を防御する機能がある。形態により、矩形の角馬出と∩型の丸馬出とがある。

＊ **三光神社**　天王寺区玉造本町の宰相山公園にある。

といわれるものまであってまぎらわしいが、そちらは本来「宰相山《さいしょうやま》*」と称されていたところで、「真田の抜け穴」は後世の俗説に過ぎない。しかし、永青文庫*蔵の「大坂真田丸加賀衆 挿《さしはさま》ル様子」や『仙台武鑑《せんだいぶかん》*』所収の「大坂冬の陣配置図」などを参考にすると、宰相山も真田丸の一部として柵で防御されていた可能性が高い。

浅野文庫本を重視する三氏に対して、最近、大澤研一・松尾信裕の両氏が異論を唱えている。浅野文庫本に描かれた地形表現は、冬の陣後に破却され、改変が加えられた一七世紀後半以降の姿であり、それが現在の地形とよく一致するからといって、往時の真田丸の姿を伝えているとは限らないという。両氏の指摘は妥当で、たとえば三氏が浅野文庫本をもとに「小曲輪」と称している部分も、出丸と惣構の平野口を接続していた土橋の（破却・分断された）痕跡かもしれない。注目すべきは、両氏が新たに分析の対象とした、尊経閣文庫*に所蔵されている「大坂御陣真田丸之図」（尊経閣文庫本①）と「大坂冬役真田丸図」（尊経閣文庫本②）という二枚の絵図である。

尊経閣文庫本①は、基本的には永青文庫の「大坂真田丸加賀衆挿ル様子」と同じ系統の絵図で、前田利常軍を中心とした徳川勢の配陣と真田丸に関する諸情報を盛り込んだ図で、出丸本体部分は半円状、北側には惣構を横断する通路が門とともに描かれている。

尊経閣文庫本②は、惣構の一部と真田丸を描き、真田丸を攻める前田利常軍の配

＊**宰相山**　天王寺区玉造本町、天王寺区の北東端、三光神社のある丘陵をいう。大坂の陣の時、加賀宰相前田利常の陣所があったとも、京極宰相の陣営が置かれたとも伝える。俗に真田山ともよばれていたが、真田出丸跡地の真田山は宰相山の西。

＊**永青文庫**　旧熊本藩主細川家に伝わった典籍・美術品などを保管・一般公開する機関。東京都文京区目白台の細川邸跡にある。文庫名は、細川家の菩提所永源庵の「永」と初祖藤孝の居城であった青竜寺（勝竜寺）城の「青」に由来。美術品と武具は主として目白台に収蔵され、厖大な藩政史料は熊本大学附属図書館に寄託。

＊**『仙台武鑑』**　江戸時代中期に、仙台藩士佐藤信直が藩祖伊達政宗の事績をまとめた書物。

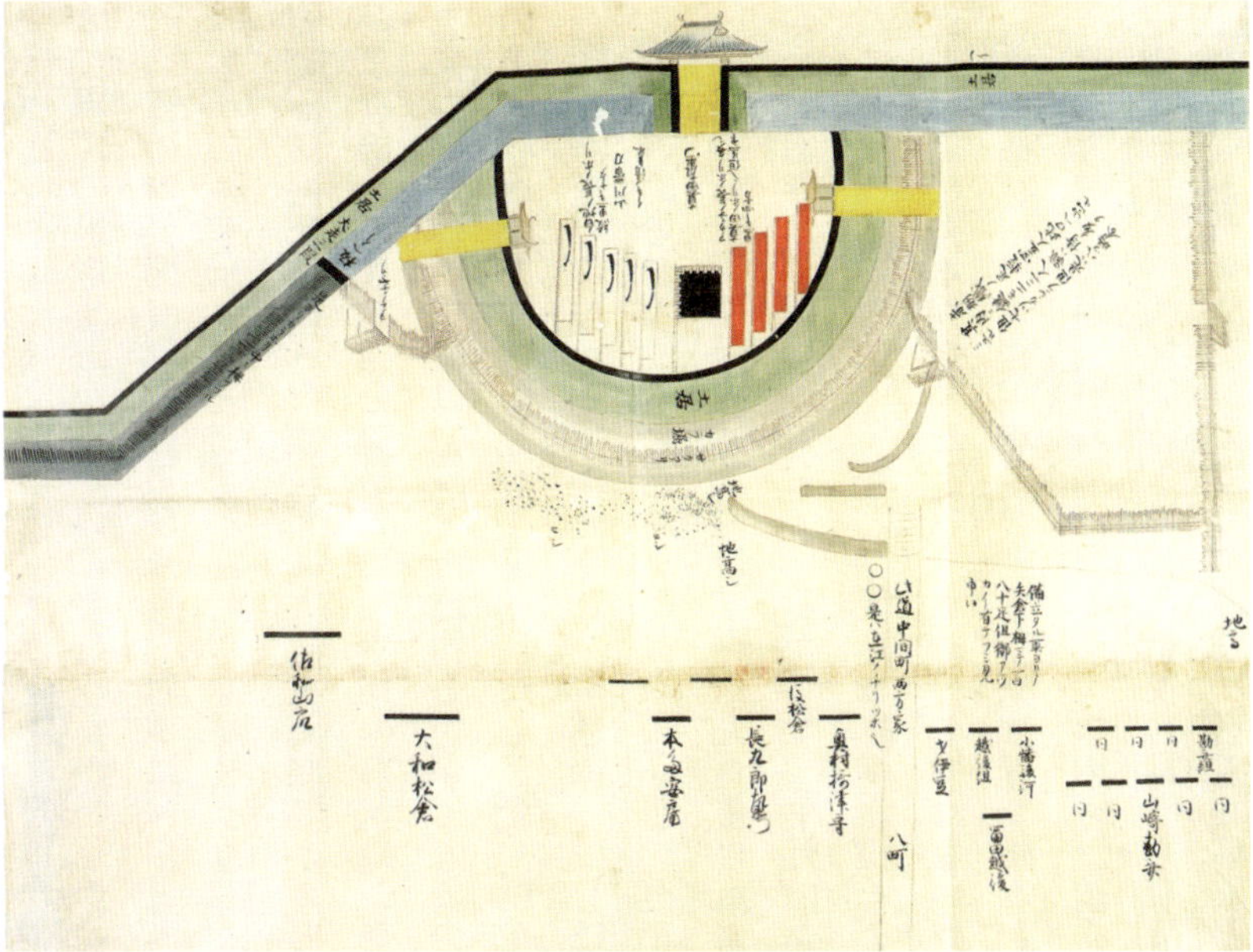

大坂御陣真田丸之図
尊経閣文庫蔵

陣と功績を書き込んだもので、裏面にこの図の成立過程について墨書がある。それによれば本図は、真田丸攻めに参加した人物が生前に語った内容をもとに、元禄十二年（一六九九）までに成立した。さらに本紙には「慶長十九年甲刁（寅）十二月十二日」とある。これは真田丸の戦いが終了し、同月二十三日から始まる惣構破却の直前に当たり、本図には破却直前の知見が反映されている可能性もある。描

＊ **尊経閣文庫**　東京都目黒区駒場にある旧加賀藩主前田家の蔵書を収める文庫。

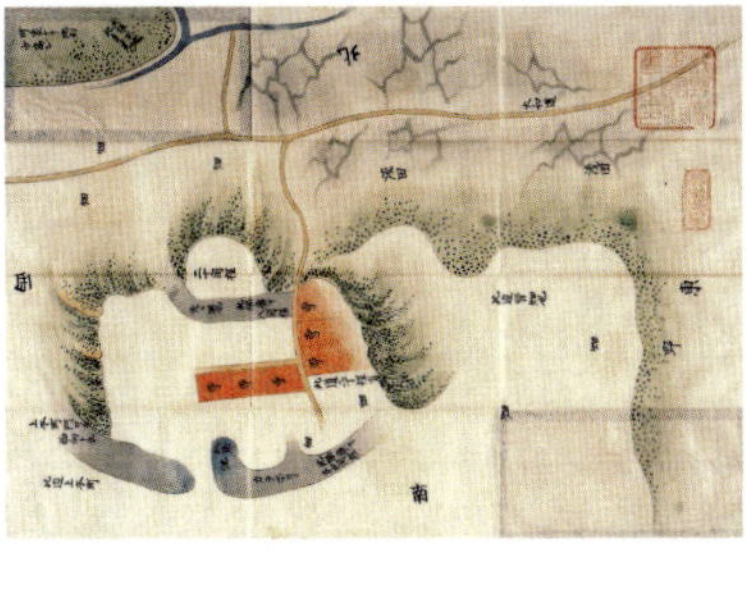

諸国古城之図　摂津真田丸
浅野文庫、広島市立図書館蔵

かれている惣構の形状は、『大阪実測図』＊から推測される惣構の形状と合致しており、本図の地形認識が正しいことをうかがわせる。

二点の尊経閣文庫本および永青文庫本は、出丸本体が丸みを帯びた形状に描かれ、出丸の北側部分が惣構の堀を越え大坂城内と通路によって接続している点で共通している。両氏はこれら絵図と『大阪実測図』からわかる地形や字名を勘案して、新たに真田丸の復元図を提示した。本体の形状は台形ではなく丸みを帯び、周囲に堀をもつ。本体の位置は通説とほぼ同じだが、大坂の陣後の地形改変、さらにその後の土地利用で方形の街区が設定されたことで、現在の地形に丸馬出のような痕跡が認められないことから、復元された本体は、少しいびつな形状になっている。

両氏の論考が現段階の到達点と言えようが、復元案の形状には検討の余地がある。いびつな形状になっているのは、真田丸本体の東端を大阪明星学園と心眼寺・興徳寺・大応寺との間に設定しているからで、平野口からの通路は出丸の北東部に接続していたことになる。しかし、浅野文庫本が描くように、心眼寺・興徳寺・大応寺付近まで出丸本体だったとみてもよいのではないだろうか。そうすれば、丸馬出のような形状に近づき、尊経閣文庫本や永青文庫本が描く形状ともよく符合する。

真田丸付近は城南寺町の一角で、大坂の陣以前から寺院が建ちならんでいた。心眼寺・興徳寺・大応寺は、真田丸構築以前から存在した寺院で、今も興徳寺境内には一六世紀の末にさかのぼりそうな一石五輪塔などが見られる。千田氏は、真田丸

＊『大阪実測図』　内務省地理局測量課が測量し、明治十九年（一八八六）、同局図籍課が出版した地図。

元禄九年（一六九六）の大坂大絵図にみえる「真田曲輪」　国立国会図書館蔵

の前面には南北寺町の一部が残存していたはずで、真田丸に接近しようとする敵の進路は、この寺町の街区に規制されたはずだという。尊経閣文庫本①も出丸の南東に道を描き、「両方家」と註記しているから、街区があったことはたしかだろう。

大坂夏の陣　真田丸で大きな被害を出した徳川方では、すぐに信繁を調略によって寝返らせようと画策し、十二月十四日には信繁の叔父真田信尹を使って調略を始めている。信繁は信尹を拒まず、話を聞いているので、この戦いが終わったあとの身の振り方を考えていたのかもしれない。しかし、なかなか寝返らない信繁に対して、徳川方が「味方になれば信濃一国を約束する」という非現実的な条件を提示してから、信繁は一切交渉しようとしなくなったという。

信繁が正月二十四日付で姉村松殿*に送った手紙には、「何とか死なずに済みましたが、明日はどうなるかわかりません」とあって、すでに再戦を予想していたらしい。その後、村松殿の夫小山田茂誠から手紙と祝儀の鮭二匹*を贈られ、二月八日付けでその礼状を認めているが、そこには「もはやお目にかかることもないでしょう」と書いている。現在知られている生前最後の書状は、三月十日付で小山田茂誠・之知に送ったもので、「殿（秀頼）様のご懇意はありがたいのですが、気遣いばかりのその日暮らし」などとあって、「一日先のことはわかりません。私のことはもうこの世にいないものと思ってください」と述べている。やはり大坂方として戦って死ぬつもりだったらしい。信繁はなぜここまで頑なに大坂方にこだわり、死に

興徳寺境内の一石五輪塔

＊村松殿　（一五六五?～一六三〇）真田昌幸の長女。母は山之手殿。信幸・信繁の姉。小山田茂誠の正室。茂誠が小県郡村松（現在の青木村）を領地として与えられ、そこに住んだため、村松殿と呼ばれた。

＊鮭二匹　文面には、「鮭二尺」とみえる。この「尺」は「隻」の借字で、大きさではなく、魚の数。

急いだのか。諸説あるが、実はよくわからない。みずからを大名にとりたててくれた豊臣家に、忠義を尽くさなければならないと思っていたのだろうか。そうだとしても、戦って死ぬことだけが忠義だと思っていたのだろうか。

大坂方は家康に対し、豊臣に非がないことを説き、所領の加増などを要求したが、家康は秀頼の大和または伊勢への移封、あるいは牢人を大坂城から一掃することを条件とした。大坂城内では再戦によって困難な現状を打開しようと考える主戦派が優勢であったらしい。信繁は大坂退去もやむを得ないと考える中間派だったと伝えられるが、現在知られている史料からは、信繁が再戦以外の道を模索した様子はうかがえない。条件を拒否しつづけた大坂方は、再戦に向けて動き始める。結果的には信繁も豊臣家を滅亡に追い込んだ牢人の一人だったと言えよう。

大坂城内の空気は、間諜《かんちょう》により徳川方に把握されており、家康は四月十日、息子義直《よしなお》*の婚儀を名目として名古屋に入り、伊勢・尾張・三河の諸大名に伏見・鳥羽へ集結するよう命じた。さらに、西国諸大名にも出陣の準備をさせ、十五日に名古屋を出発、十八日には二条城に入る。一方、江戸の秀忠も四月十日に出陣し、二十一日には伏見城に入った。家康・秀忠が率いる東軍本隊十三万余は、河内から大坂に入ることとし、松平忠輝《まつだいらただてる》*・伊達政宗《だてまさむね》*・本多忠政《ほんだただまさ》*らが率いる別働隊約三万五千余は大坂の南東、大和口から道明寺《どうみょうじ》*をぬけ、大坂に向かおうとしていた。大坂方は、あらかじめ和歌山城主の浅野長晟《あさのながあきら》*を討伐しておこうと、大野治房・同道犬《どうけん》*・塙直《ばんなお》

＊徳川義直（一六〇〇～一六五〇）家康の第九子。御三家の筆頭尾張徳川家の祖。母は石清水八幡宮の神官志水宗清の娘。初め甲府、ついで尾張清洲城主、新たに築かれた名古屋城主となる。

＊松平忠輝（一五九二～一六八三）徳川家康の六男。母は茶阿局。妻は伊達政宗の娘。長沢の松平康忠の家を相続して武蔵深谷、下総佐倉、信濃川中島の城主をへて、越後高田城主となる。

＊伊達政宗（一五六七～一六三六）仙台藩祖。伊達輝宗長男。母は最上義守娘。幼時右眼を失明。妻は田村清顕娘。現在の福島県の大半と米沢地方および宮城県にわたる領国を築いたが、秀吉に会津などを没収された。関ヶ原の戦いののち家康から刈田郡を与えられ、仙台に移った。

＊本多忠政（一五七五～一六三一）父は本多平八郎

之《ゆき》*ら約六千の紀伊討伐軍を出したが、四月二十九日早朝、樫井《かしい》*の遭遇戦に破れ、塙直之らが戦死してしまう。

大坂方の作戦はなかなか決まらなかったようだが、東軍主力は大和口から来襲すると予測し、要衝である道明寺付近で迎撃することになり、五月五日、後藤基次・薄田兼相《すすきだかねすけ》*らが先陣、真田信繁・毛利勝永《もうりかつなが》らが後陣として道明寺へ向う。しかし作戦は事前に徳川方に漏れていた上、大坂方が予想していたよりも徳川方の動きは早く、すでに徳川軍は道明寺に到着しており、一部はさらに進んで国分*に布陣していたのである。

六日の早朝、道明寺の小松山に布陣した後藤隊と徳川軍が衝突した。道明寺の戦いである。当初後藤隊が優勢だったようだが、伊達政宗が駆け付けると形勢は逆転し、後藤基次は戦死。伊達軍を引き受けようとした薄田兼相らも戦死してしまう。ここで、真田信繁隊と伊達隊の激しい戦いになり、伊達隊を敗走させた。しかし、河内方面の徳川方を防ごうと八尾《やお》・若江《わかえ》*に向かっていた木村重成・長宗我部盛親らが敗退したという知らせが届くと、真田・毛利らも撤退せざるをえなくなった。

翌七日の戦いの様子も、軍記には詳述されているが、確実な史料が乏しく、経過はよくわからない。大野治房が配下の武将に出した書状によれば、「軽率な戦闘はしてはならない。真田・毛利とよく相談し、敵を引き付けてから攻撃するように」と述べられているから、大坂方は徳川軍を引き付けてから、一気に反撃し、勝機を

忠勝。家康の嫡男信康の娘を娶る。関ヶ原の戦には真田昌幸の拠る上田城を攻めた。桑名一〇万石を継いだが播磨国姫路に転封。

* 道明寺　大阪府南東部、藤井寺市の旧道明寺町。道明寺と同天満宮がある。

* 浅野長晟　（一五八六～一六三二）浅野長政の次男。近江国坂本に生まれ、秀吉に近侍し、秀吉没後は徳川家康に従い、兄幸長が嗣なく没したので、和歌山三七万六〇〇〇余石を領したが、福島正則の改易により、広島城に移った。

* 道犬　（?～一六一五）大野治胤。大野治長・治房の弟。秀頼につかえ夏の陣で堺の町を焼き討ちにしたため、大坂落城後、捕らえられて堺にひきわたされ、火あぶりにされたという。

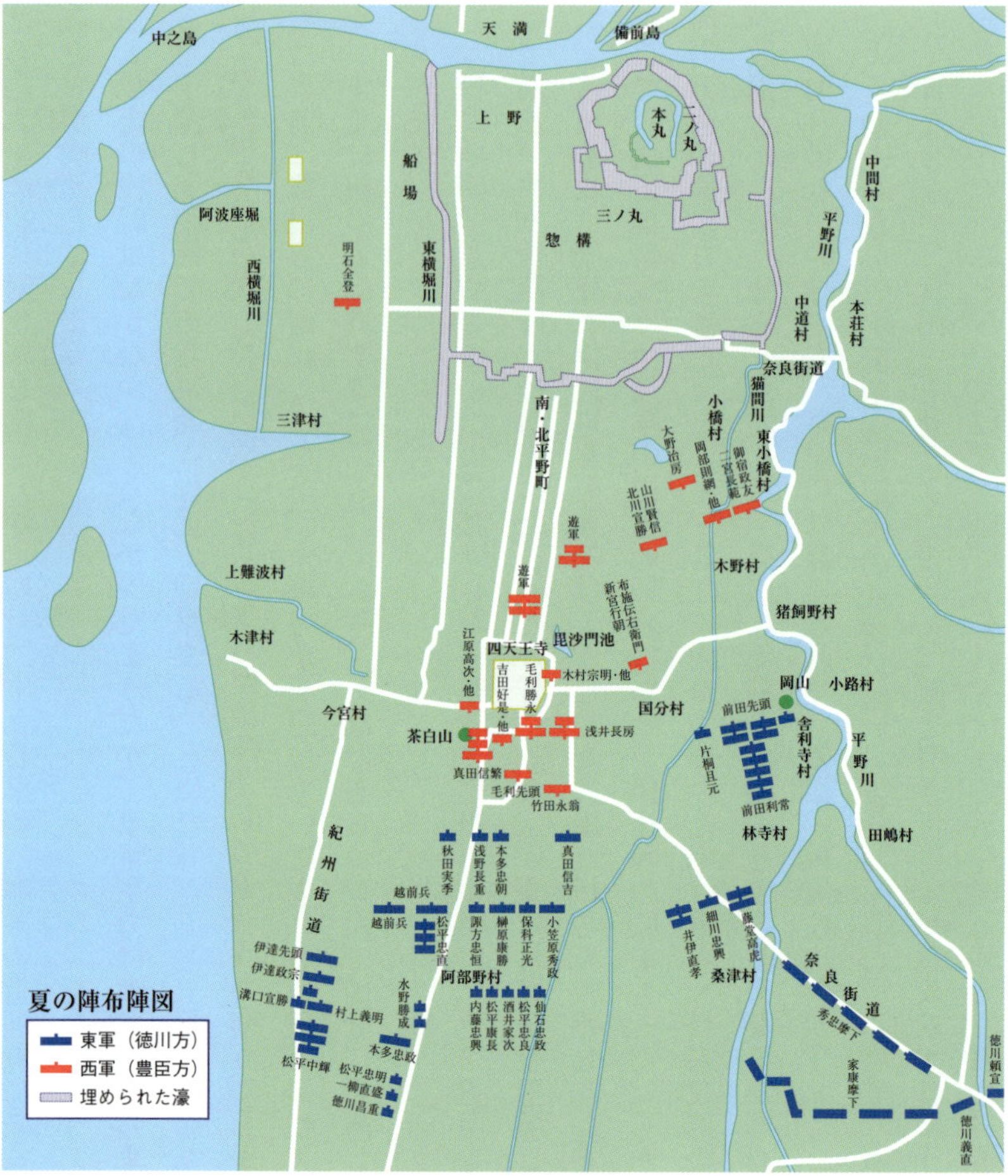

大坂夏の陣　布陣図

NHK・NHKプロモーション特別展『真田丸』図録より

＊**塙直之**（一五六七～一六一五）団右衛門と称した。はじめ加藤嘉明に仕えたが、のち小早川秀秋に抱えられた。秀秋の死後、牢人となり、鉄牛と号し、京都で托鉢をしたという。

＊**樫井**　現在の泉佐野市南中樫井地区の樫井河原付近。

＊**薄田兼相**（？～一六一五）秀吉・秀頼に仕え、冬の陣では博労淵の砦の守将であったが、市中の遊女屋に遊んでいたすきに、砦を奪われたという。

＊**国分**　柏原市国分。大和川が亀瀬峡谷を抜けて平野部へ出るところに位置する。大和と河内を結ぶ交通の要地として街道沿いに集落が発達していた。

＊**八尾・若江**　大阪府東部に位置し、河内の交通・経済の要地で、室町時代には若江城（東大阪市）が守護所で河内の政治的中心。江戸時代初期には八尾寺内町

見出そうと考えていたらしい。しかし、予想よりも早く徳川軍が攻撃を開始し、混戦となり、豊臣秀頼も出馬の機を逸した。

　信繁は、冬の陣で家康が本陣を置いた茶臼山に布陣し、家康の本陣に突撃を敢行した。家康に肉迫したと言われるが、三度目の突撃で力尽きた信繁は退却の途中、越前松平家の軍勢と戦って死ぬことになる。生玉《いくたま》*と勝鬘《しょうまん》*の間の高台で、西尾仁左衛門《にしおにざえもん》という越前藩士が、「よき敵」と出会い、鑓を合わせ、討ち取った。自分が討ちとったのが誰なのかわからなかったが、首を陣屋に持ちかえったところ、かつて真田に仕えていたことのある同僚がおり、真田信繁の首だとわかったらしい。

大坂夏の陣図屏風に描かれた真田隊
大阪城天守閣蔵

　大坂城は炎上し、大野治長は千姫*を城外に脱出させ、使者を送って秀頼母子の救済を懇願したが、家康はそれを許さず、翌八日、秀頼・淀殿・治長らは自決。豊臣氏は滅亡した。信繁の嫡男大助*は秀頼に近侍しており、秀頼とともに自害して果てたという。信繁の妻大谷氏は逃亡したらしく、のちに紀伊の山中に隠れていたところを浅野氏に捕らえられたが、その後の処遇は明らかではない。

　信繁の働きは、当時から絶賛された。細川忠《ほそかわただ》

を形成した。

＊**生玉**　天王寺区生玉。

＊**勝鬘**　天王寺区夕陽丘町付近。四天王寺の北西、愛染坂（勝鬘坂）を登ったところに勝鬘院がある。

＊**千姫**　（一五九七～一六六六）徳川秀忠の長女。慶長八年（一六〇三）七歳で豊臣秀頼に嫁した。

＊**大助**　（?～一六一五）真田信繁の嫡男。母は大谷吉継の娘。「幸昌」とも。享年は、十三から十六まで諸説ある。

興《おき》*は「さなだ・後藤又兵衛手から共、古今無の次第に候」と書き送り、島津家でも、信繁が家康の旗本を追い散らしたことを記録し、「真田日本一の兵、いにしへよりの物語にもこれなき由、惣別《そうべつ》これのみ申すことに候」（『薩藩旧記雑録』*所収文書）と、絶賛している。公家の山科言緒《やましなときつぐ》*も日記に「天王寺ニテ度々さなだ武ヘン、其後討死也」と、その武勇を特筆した。

---

* **細川忠興**（一五六三〜一六四五）幽斎（藤孝）の長男。妻は明智光秀の娘玉（ガラシャ）。関ヶ原の戦いで、玉は石田三成から大坂入城を求められたが応ぜず、大坂玉造の邸で最期を遂げた。
* **『薩藩旧記雑録』** 薩摩藩の史料集。島津家文書を中心に、長久二年（一〇四一）から明治二十八年（一八九五）までの文書・記録を収載する。
* **山科言緒**（一五七七〜一六二〇）権中納言山科言経の嫡男。

Ⅲ

真田氏の本拠をあるく

長谷寺の真田家墓所

元和８年（1622）に松代へ移るまでの真田氏の本拠は、まず真田エリアと上田エリアにわけられる。真田エリアはさらに山家《やまが》の館と松尾城を中心とする段階（一）と、信綱あるいは昌幸の本拠であったと考えられる原《はら》の館（通称「御屋敷《おやしき》」）とその町を中心とする段階（二）がある。昌幸は天正10年（1582）、砥石《といし》城（伊勢山）にいたことも確かだから、原の御屋敷とその町を中心として、砥石城まで含んだ一帯を本拠地にしていたと考えられる。その後、天正11年に上田城を構築し、居城とした（三）。そこで、発祥の地（一）、原の館と町（二）、上田城とその城下（三）の３段階に分けて、真田氏の本拠を歩くことにしよう。

真田氏の本拠地

一、発祥の地

①松尾城と日向畑遺跡（長野県上田市真田町長）

真田氏の城跡として江戸時代からよく知られていたのは、上田市真田町長《おさ》の横沢集落の東に位置する松尾《まつお》城である。鳥居峠を越えて上州へ通じる街道と角間峠へ向かう道の分岐点を見おろす絶好の立地で、今も尾根上に独特な石垣を遺している。しかし、その尾根はやせていて、最も広い郭《くるわ》でも南北一五メートル、東西一一メートル程度しかなく、この尾根上で真田氏が日常生活をおくったとは考えられない。この城は、街道を見下ろす見張り台であり、いざというときの避難所だったのだろう。今も尾根上にいくつかの小祠が祀られており、何らかの宗教施設として使用されていた可能性も高い。主郭最奥の祠には、虚空蔵《こくうぞう》菩薩《ぼさつ》像が祀られており、真言修験との関係も考えられる。さらに主郭背後の大堀切《おおほりきり》を越えて、尾根伝いに登ると、遠見番所《とおみばんしょ》とよばれる遺構がある。

なお、町内の字「小別当」にある山城（真田氏本城）

も「松尾城」とよばれることから、この横沢の城を「松尾古城」と称して区別する場合がある。しかし、実際の新旧関係はあきらかになっていない。

江戸時代に編纂された『真田家御事蹟稿』の付図「松尾古城之図」には、松尾城跡の南麓に「常福院」、「此辺スベテ真田家御屋敷跡云」という注記がある。一九七一年、この付近を発掘調査したところ、一六世紀のものとみられる宝篋印塔や五輪塔が出土した。日向畑《ひなたばた》遺跡である。絵図の注記のとおり、この付近に屋敷があった可能性は高いが、ここは松尾城が築かれた尾根と角間川に挟まれた狭く不安定な土地で、ここだけが屋敷であったとは考えられない。また、石塔群は人為的に破壊されており、修復された形跡がなかった。真田氏に関係する墓地だったとすれば不可解なことで、この墓地は真田幸綱の家系とは直接関係がないのかもしれない。

松尾古城の主郭

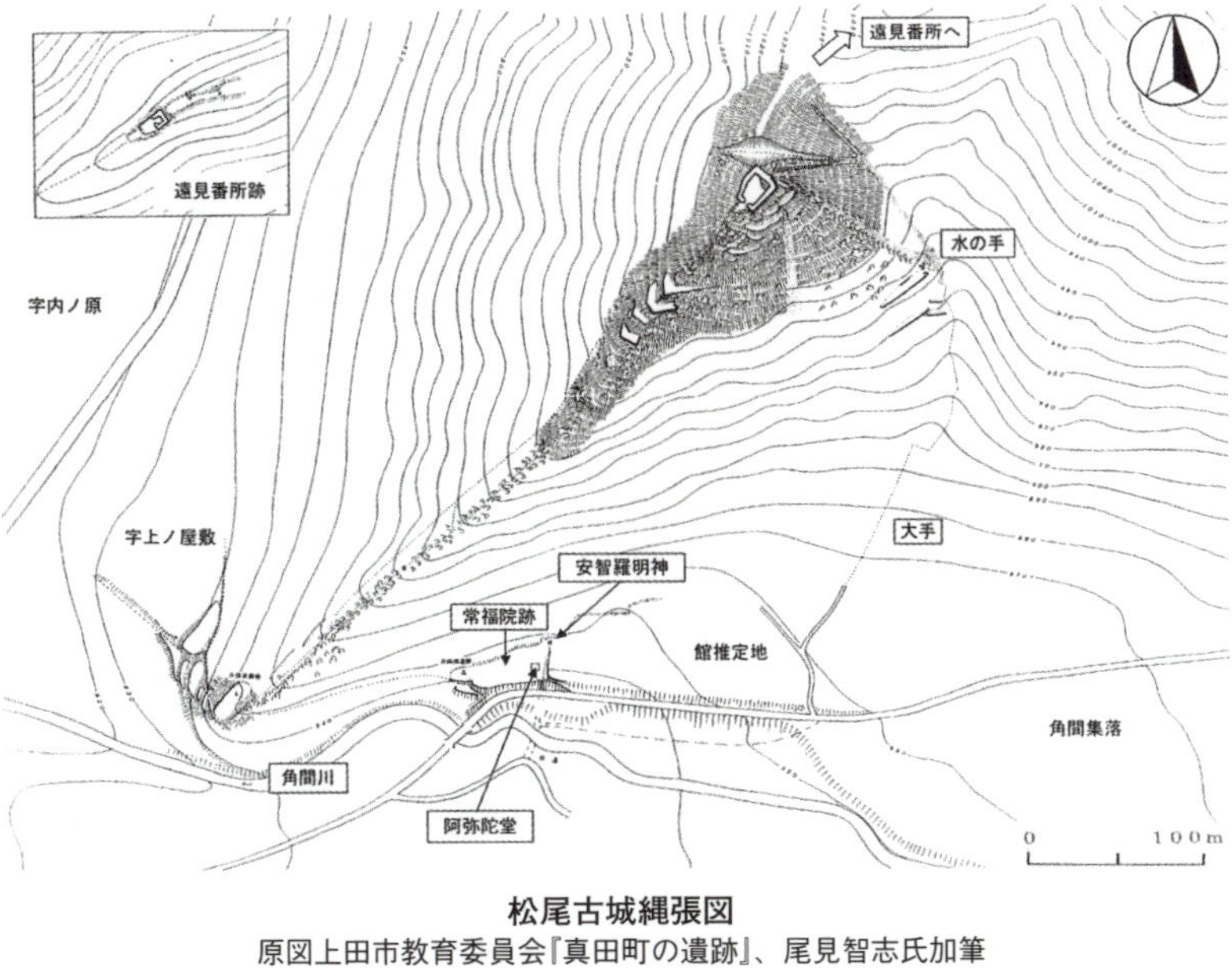

松尾古城縄張図
原図上田市教育委員会『真田町の遺跡』、尾見智志氏加筆

この遺跡の東側に、観音堂と安智羅明神《あんちらみょうじん》の祠がある。安智羅明神は、十二神将のうちの安智羅大将によるものと思われるが、ここには真田幸隆（幸綱）幼少の姿を写したと伝えられる木像が祀られており、草創は享禄三年（一五三〇）という。常福院の痕跡かもしれないが、安智羅明神の位置は、遺跡から東にひろがる削平地の東北に位置するから、かつてここに屋敷があったとすれば、その鬼門除けの祠だったかもしれない。

②角間渓谷（長野県上田市真田町長角間）

松尾古城南麓の道を東に向かって進むと、烏帽子岳《えぼしだけ》より流れ出る角間川によってできた長さ四キロにわたる角間渓谷に入る。この道は角間峠を越えて北上州へ通じていた。渓谷の断崖絶壁は奇勝として知られ、「鬼ヶ城」、「天狗の欄干」などと称される奇岩が連なり、秋の紅葉は見事である。渓谷の中程に石段があり、それを上ると巨岩を抉《えぐ》った大洞に岩屋観音堂がある。この一帯はかつて山伏の修行の場だったと考えられ、真田氏と修験山伏との関係を考える上でも興味深い。岩屋観音堂下の角間温泉（鉱泉）岩屋館は、湧水を加温した湯と鉄分が酸化した茶褐色の炭酸泉、二つの湯を楽しめる秘湯として人気がある。

角間渓谷の岩屋観音

③法性寺の五輪塔群

真田周辺には、中世の石塔が少なくない。横沢《よこざわ》集落の西方、字「法性寺《ほっしょうじ》」には、中世に供養塔として多用されていた五輪塔の集積がみられる。その字が示すとおり、かつて寺院があった場所だと考えられるが、現在は墓地しかない。その一画に中世の石塔の残欠が集められており、そのなかには比較的大きな五輪塔の一部もみられる。

字「法性寺」の中世五輪塔群

反りが少なく厚みのある火輪の形状などを勘案すると一四世紀から一五世紀のものも含まれているとみてよいだろう。大きな五輪塔を建立するには多額の費用がかかる。それがこれほど大量にあるということは、この地域にかつてそうした石塔を建立できるだけの経済力があったことを示している。

④山家神社と山家の館跡推定地

古代には神川の上流の渓谷一帯を「山家郷」とよんでおり、そこに鎮座する山家神社は一〇世紀に編纂された『延喜式《えんぎしき》』神名帳にもその名がみえる古社である。四阿山を水源とする神川の水分《みくまり》の神で、四阿山の里宮として、また中世には白山信仰と結びつき、白山様・白山大権現とも称され、神宮寺の岩井山理知院白山寺《りちいんはくさんじ》を中心に、四阿山白山信仰の拠点として広く信仰を集めた。真田氏の勢力が大きくなるにしたがって、山家神社・白山寺は修学の場としても充実したらしい。滋賀県大津市の叡山文庫に所蔵されている『仏土義案立《ぶつどぎあんりゅう》』の奥書には、「天正四暦（一五七六）三月二十三日」「信州真田於理智院祭礼用意書之／筆者相州大磯之住人楊谷寺／左京」とある。相模国大磯の人が真田の理知院すなわち白山寺において書写したものだが、ここに多くの仏典が架蔵され、それを書写するために遠方から訪れる人もいたことがわかる。

この山家神社が鎮座する字「山家」の隣が字「真田」で、ここが真田氏の名字の地であった。山家神社と真田氏に密接な関係があったことはI章でもみたとおりで、元和五年（一六一九）の寺社領改めの書上に「白山寺、四拾五貫七百文、六供衆拾二貫文、白山禰宜、弐貫弐百文」とみえ、真田信之は白山寺に領内最高額を認めていたことがわかる。上田城の北東に位置することから、鬼門除けの神としても尊崇された。

社宝には、四阿山白山信仰と真田氏との関係を示すも

山家神社

のが多い。四阿山奥宮社殿扉は、永禄五年（一五六二）六月の修理銘があり、真田幸綱が四阿山を護持する「大檀那」で、嫡男の信綱とともに社殿の修造をしていたことがわかる。天正二年閏十一月の蓮花童子院あての真田信綱四阿山別当定書《さだめがき》は、家督を相続した信綱が、四阿山白山権現を管理していた蓮花童子院に、四阿山の別当（管理職）を安堵（承認）したもの。同三年十一月、蓮花童子院の住職とみられる頼甚に対し、兄信綱と同様に四阿山別当職を安堵した昌幸の文書も所蔵されている。

この山家神社の南方に、真田氏の館跡の有力候補地がある。東の岩井堂山から西の神川へと流れる岩井堂川のつくった深い沢の北側、何段かに区画された、一〇〇《メートル》四方ほどの土地で、その北側には堀があったらしく、今でも一段低い。江戸時代の地誌『つちくれ鑑』に「真田村長谷寺《ちょうこくじ》、真田の町より十四町東のかなたなり。細道を行く。その間に町より少し上りて道の北の方に、真田屋敷と云う所あり」という記述がある。この場所こそが「真田屋敷」で、戦国時代の真田氏の館跡と考えてよいだろう。この一角からは一九四七年頃、古い中国銭が一八〇〇枚も発見されている。そのなかで一番新しい年代の銭は一五世紀初めにつくられた永楽通宝であるから、この大量の銭が埋められたのは、一五世紀後半以降のことだったと考えられ、その頃、ここに大きな財力をもった家があったことを示している。

山家の館跡推定地

宝永三年（一七〇六）の上田藩の明細帳によれば、この付近の行政区分は「村」であり、市も開かれていない。ところが、江戸時代に描かれた村絵図をみると、上州道沿いに

「上町」「中町」「小路」「下小路」といった地名がみえる。そうした「町」地名は、江戸時代以前、戦国時代にここが町としてにぎわっていた痕跡だと考えられよう。館は、上州へと通じる街道とそれに沿って形成された町を見おろす位置に構えられていたのである。

⑤長谷寺と岩井観音堂

山家神社の東方、字「旗見原《はたみはら》」に真田氏の菩提寺長谷寺がある。かつては種月庵という小堂であったが、幸隆（幸綱）が上州箕輪城に滞在していた時、安中の長源寺《ちょうげんじ》の僧晃運《こううん》と約束し、天文十六年（一五四七）、晃運を開山に招き、真田山種月庵長谷寺として再興したと伝えられている。草創がいつのことだったかはわからないが、境内には中世の石塔の残欠がみられ、天文以前から霊場だった可能性が高い。本堂裏手の墓地には、幸隆（幸綱）夫妻と昌幸の墓所がある。

　原の御屋敷や砥石城が本拠になってから、山家の館は使われなくなったと思われるが、真田氏は原の御屋敷へ移ったときにも上田城を築いたときにも、山家神社や長谷寺を移転させてはいない。しかし、慶長五年（一六〇〇）には兵火に焼かれたと伝えられている。

　元和八年（一六二二）、信之が松代に移るさいには、長谷寺六世が随従し、松代に長国寺を建立したが、ここ真田の長谷寺も存続した。寛保二年（一七四二）八月の大洪水で埋まり、宝暦七年（一七五七）八月には堂宇が焼失、明治二十三年（一八九〇）一月にふたたび焼失するなどの災害に遭ってはいるが、墓地や六文銭が刻まれた石門などに、往事の風情を感じることができる。また、参道を覆うように咲くシダレザクラも見事である。

長谷寺

　長谷寺を抱くようにそびえている岩井堂山も、この地域の霊場だ

岩井観音堂

った。その中腹には、かつて観音堂が存在したと伝えられ、「光明寺建立　弘長三年（一二六三）九月二日　大乗菩薩桑門了然」という銘が刻まれた板碑や、五輪塔・宝篋印塔の残欠が多数みられる。真田氏は古くからの霊場の谷に菩提寺を建立したのであろう。

　山家神社の社殿は、東の岩井堂山を背にして鎮座している。白山寺の本堂は、北の四阿山を背にして建立されていたとみられるから、山家神社・白山寺は岩井堂を拝む東西の軸線と四阿山を拝む南北の軸線がクロスした場所に立地しているのだと考えられる。

　ところで、山家の館とセットになる詰《つめ》の山城はあったのだろうか。先ほどみた松尾城が逃げ込みの城だったとも考えられるが、館跡からは少し離れている。あるいは、岩井堂山が、いざというときの逃げ込みの場だったのかもしれない。中世には霊場と山城が重複していることがめずらしくなかった。

　この付近から国道一四四号線を本原《もとはら》方面に向かうと、途中、「石舟《いしふね》」という地区には、真田氏家臣だった河原一族の墓所がある。中央の五輪塔には、「寛永十一年（一六三四）」「陽春院殿華□長閑居士」と刻まれており、信之に仕えた河原綱家の供養塔だと考えられる。

　左党のお土産なら、石舟神社の近くにある地酒専門店「宮島」。地元上田の銘酒はもちろん、特約店でなければお目にかかれない限定酒がズラリと並ぶ。

二、原の館と町

⑥本原の「御屋敷」（真田氏館跡）

（長野県上田市真田町本原）

　上田市真田町本原には、東にそびえる烏帽子岳から流れ出た大沢《おおさわ》川によってつくられた扇状地が、西の神川まで広がり、そのほぼ中央に「御屋敷」と呼ばれる館跡がある。平面はやや台形で、東西一五〇〜一六〇メートル、南北およそ一三〇メートル。四方は土塁で囲まれ、東側には堀も掘られていた。土塁は東側が高く、高さ四メートルに達する部分もある。北側には東から西へ大沢川が流れ、自然の堀になっていた。南側が大手（正面）で、出入口は両側に折れ曲がった土塁をそなえる枡形虎口である。土塁の内側も傾斜があり、東が高く西が低い。北西の隅におよそ一八×一二メートルの方形の凹地があり厩《うまや》跡とよばれているが、厩であったかどうかはわからない。

本原の西方には東太郎山からつづく尾根が神川に沿ってのびており、その上に砥石城が築かれていた。砥石城からは本原もみわたすことができるから、ここが村上氏に掌握されているうちは、真田氏が本原に館を構えることは難しかったにちがいない。天文二十年（一五五一）の砥石城乗っ取り以降だとしても、構築したのは幸綱だったのだろうか、信綱だったのだろうか、それとも昌幸だったのだろうか。

天文二十年以降の幸綱は、まさに東奔西走。川中島侵攻の先兵をつとめ、北信の戦いが一段落すると、上州吾妻の攻略である。その後も上州で働くことが多かったようだから、幸綱の生涯に御屋敷のように大きな館を構築する余裕はなかったのではないだろうか。家督を相続し、真田家の当主となった信綱が、本原一帯を含む真田を本拠としていたことはまちがいない。信州先方衆の筆頭にふさわしい新たな本拠が必要だと考え、本原の御屋敷を構築し始めたのかもしれないが、幸綱死去の翌年に、信綱もこの世を去った。

発掘調査で、戦国時代の遺構・遺物があまり出土しなかったこともあって、この御屋敷が幸綱や信綱によって構築されていたとする見方は、近世大名真田氏を前提とした過大評価だという指摘もある。そして、御屋敷から砥石城がよく見えることから、ここは実際に居住する館として構築されたのではなく、真田氏の歴史において特別な意味を持つ砥石城を見せるための場、すなわち、真田家発展のもととなった幸綱による砥石城攻略の記念碑的な意味も込めて（昌幸により）構築されたものなのではないか、という説が提唱されている（笹本正治説）。

しかし、天正十一年（一五八三）の上田築城以前、真田昌幸が本原の御屋敷とその周辺を本拠地にしていたことは確実である。兄信綱の死後、当主となった昌幸は、まもなく本拠とその周辺の検地をした。そのときの検地の結果を伝える検地帳の写しが『真田氏給人知行地検地帳』（以下『検地帳』）である。『検地帳』は、年号を欠いているものの、記載されている人物の検証などから、天正六〜七年頃の検地の結果を伝えているとみてまちがいない。この『検地帳』には給人ごとに、その田畑や屋敷、上中下といった等級、本貫高と見出高、作人の名前などが記されているが、田畑や屋敷が所在している地名まで記入されている。記載されている地名の分布を確認すると、そのほとんどが現在の本原一帯におさまる。天正六〜七年頃のこの一帯の様子を伝える、またとない史料だと言えよう。

御屋敷一帯が本拠であったことは、現在その一帯が「本原」と称されていることからもあきらかである。「本原」は、かつて「原」だった。しかし、昌幸が上田城を築いて、この「原」の町から多くの人々を上田の城下へ移住させ、上田の城下には「原町」という町を形成した。呼び分けるために、真田の「原」は「本原」と称された。昌幸は、それまでの本拠の町を新たな城下に移転させたのである。天正年間に原の町が存在したことも、『検地帳』で確かめることができる。

ただし、昌幸が原の御屋敷にどの程度居住したかはわからない。真田家の当主となった昌幸は、父幸綱や兄信綱と同様、上州の支配を担うこととなり、一方、長篠で多くの宿将を失った武田勝頼は、出陣するさい、信頼する昌幸を上野国から呼び寄せ、帯同させた。幸綱・信綱は信濃先方衆であったが、昌幸は武田家譜代の重臣だった。昌幸の活動範囲は、父や兄よりもあきらかに広くなっており、原の御屋敷に腰を落ち着けて、小県郡の支配に専念できた時間は少なかったにちがいない。

現在は「御屋敷公園」として整備されているが、整備以前から伊勢宮（皇大神宮）が祀られていた。昌幸が上田へ本拠を移すさいに、伊勢宮

御屋敷とその周辺
上田市教育委員会提供

を勧請し、神域として保存するよう図ったとの里伝がある。また、この伊勢宮には三つ頭の獅子舞があり、信綱が地固めの祭事に舞わせたと伝えている。館跡の東には、真田氏一族の歴史を紹介する真田氏歴史館がある。

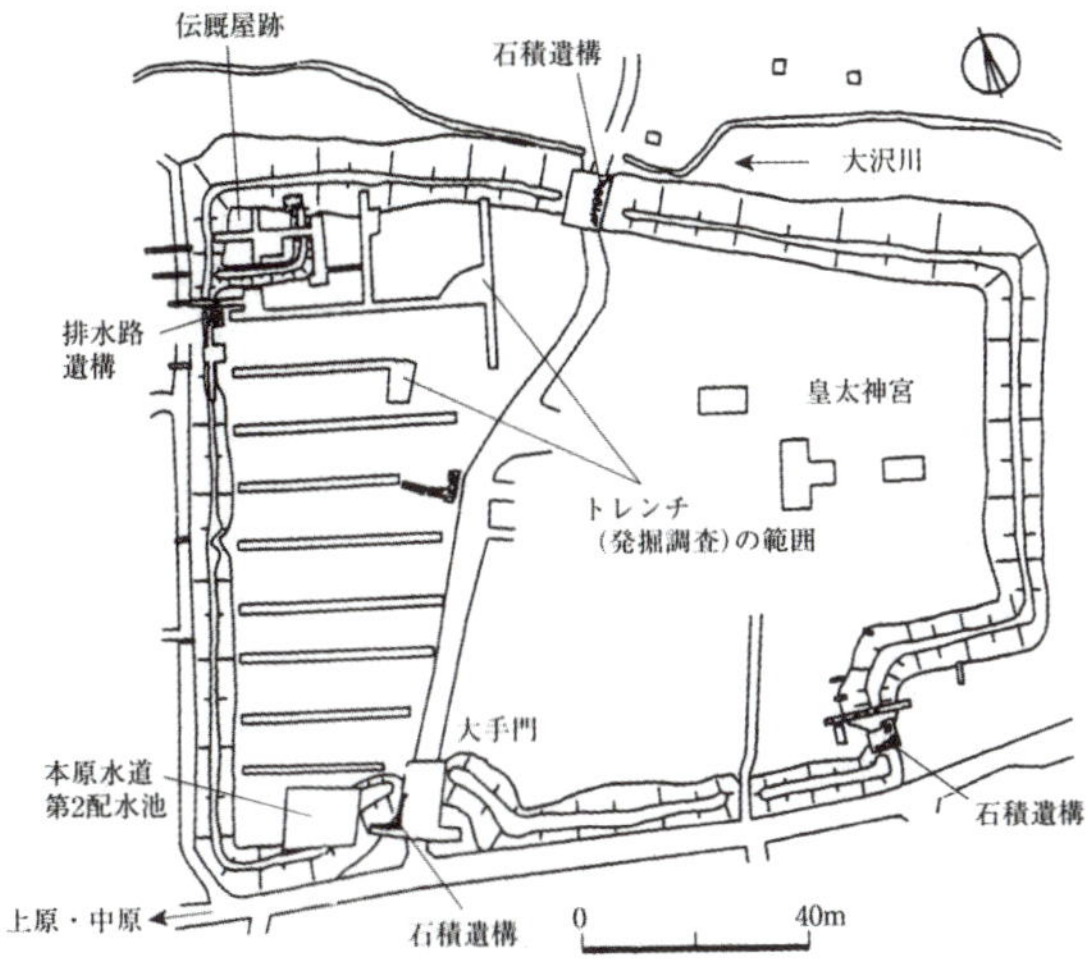

御屋敷（真田氏館跡）平面図
上田市教育委員会提供

⑦真田山城と天白城

御屋敷の東、烏帽子岳からのびる尾根先に、真田山城と天白《てんぱく》城という、二つの城跡がある。北の字「小別当」に位置する真田山城は、一九七〇年代後半から一志茂樹氏が提唱した仮説の影響で、「真田氏本城」と称されるようになってしまった。しかし、ここはかつて、南に隣接する字「十林寺《じゅうりんじ》」を冠して「十林寺（住連寺《じゅうれんじ》）城」あるいは「松尾城」と称された城跡で、横沢の松尾城と呼び分ける際には、横沢の方を松尾古城、小別当の方は松尾新城と称される。見晴らしはよく、本郭《ほんくるわ》からは上田平・依田窪《よだくぼ》・海野方面を一望できるし、上田周辺の山城のなかでは規模も大きな方だと言えようが、一志説は根拠薄弱で、ここが鎌倉時代以来の真田氏の本城であったとは考えられない。原の館（御屋敷）の詰の城であったとすれば、御屋敷と同じく天正年間に構築されていたはずだが、真田山城の遺構は天正年間のものだとも考えられない。また、厳重に防御する必要があったと考えられる南東すなわち御屋敷方面の緩斜面に、防禦遺構らしいものが見あたらないのも不可解である。

御屋敷との位置関係から、詰の城にふさわしいのは天白城であろう。麓の北赤井《きたあかい》神社（天箱神社）には、戦国時代の五輪塔もみられ、かつての登城道を考える手がかりになる。岩座のような山容や、主郭背後の大規模な堀切、石積みを多用していることなど、横沢の松尾古城と相通ずるものを感じさせる。しかし、この城も天正年間に真田氏が詰の城として構築したとすれば、全体の規模が小さ過ぎるかもしれない。御屋敷の詰の城については、その有無も含めて、今後の研究課題だろう。

登り口に位置する北赤井神社（天白社）

⑧原の町

『検地帳』に記載されている屋敷は、全部で一三八カ所。その中に、「上原《かみはら》の町」あるいは「原」という所在地を注記したものが少なくない。数えてみると、「上原」・「原」・「下原《しもはら》」に合計五〇軒以上の屋敷が集中しており、しかもその多くはたんに「屋敷」ではなく「町屋敷」と記されている。天正年間、ここに町があったとみて間違いない。

この付近の字《あざ》図《ず》をみてみると、御屋敷の南側から、字「殿蔵院」と「北郷沢」の間を、まっすぐ西へ「立道」と呼ばれる道がのびている。その道と垂直につながっているのが、上原の町だった。南北にのびる道路の両側に「町上」「南町上」「北町上」「町下」といった「町」のつく小字が集中している。この付近の土地の区画ひとつひとつを記録した明治二十三〜二十四年の公図（地籍図）をみてみると、道路の両側に、ほぼ均等な間口で、短冊形の区画が連続している。こうした区画は町並を示すも

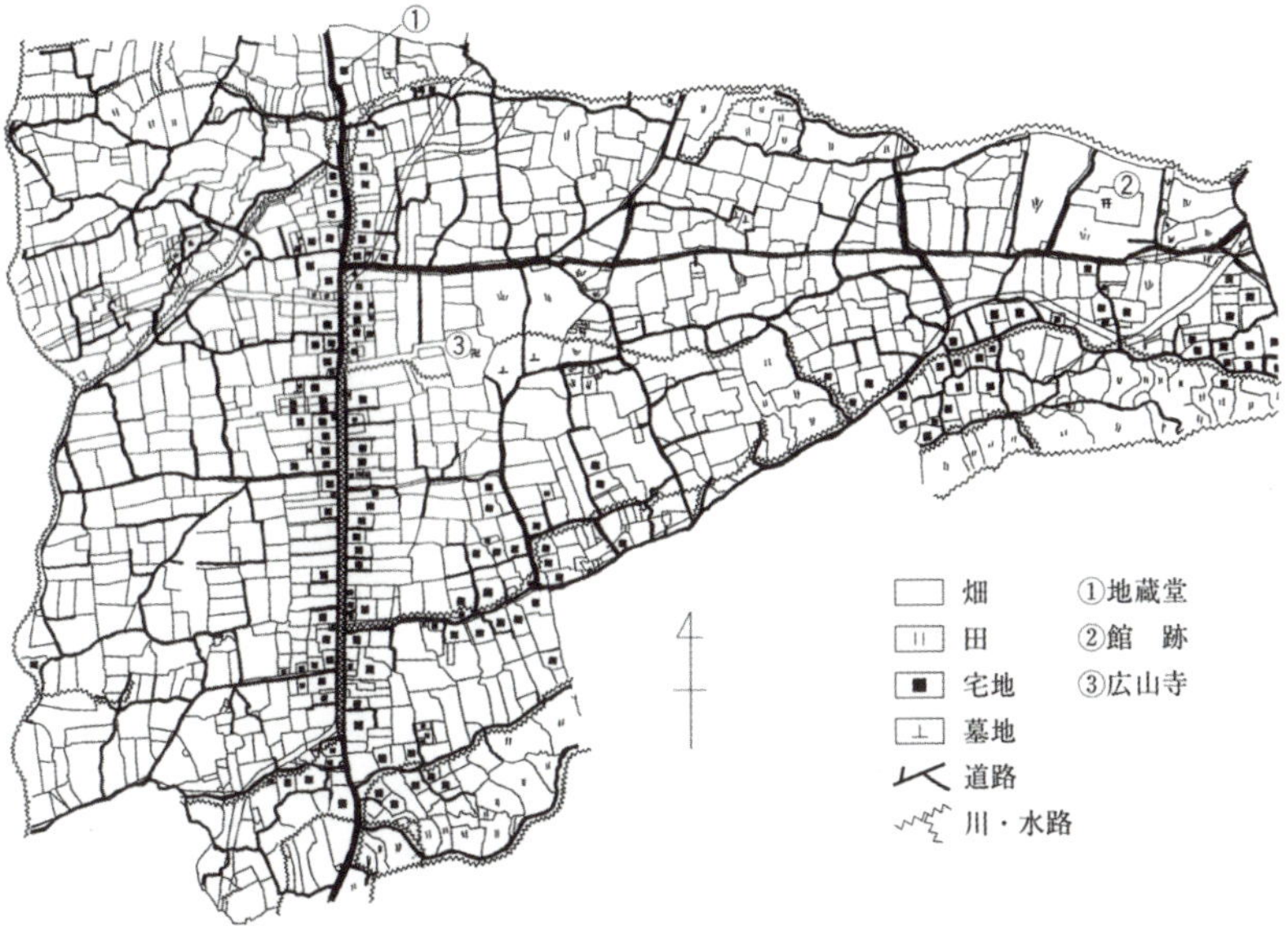

上原付近の公図　地籍図、上田市教育委員会提供

ので、「町」のつく小字とよく一致し、とくに「南町上」と「町下」の付近ははっきりとあらわれていて、短冊形区画の奥行もそろっているところが多い。ここが町の中心だったのだろう。この部分の道路は、ほぼ正確に南北にのびていて、幅も広い。その中央には、大沢川から取水された用水路も貫流しており、計画的に整備された町並みであったことはあきらかである。

⑨中原の延命地蔵尊と宝篋印塔

それにしても、町の中心部と御屋敷は八〇〇～九〇〇メートルほど離れている。御屋敷とこの町は、同時につくられたものだろうか。それを考える手がかりは、字「北町上」の延命地蔵尊にある。ここに祀られているのは、高さ一メートルを超す石像で、六〇〇年ほど前に大水で上流から流れてきた巨石に彫ったと伝えられているが、確かなことはわからない。ここで注目したいのは、地蔵堂の前にたつ、貞治二年（一三六三）の刻銘をもつ石塔（宝篋印塔）である。相輪と笠部は後世に補われたものだろうが、高さ二四〇チセンを超える、長野県内でも最大級の宝篋印塔で、その周囲には五輪塔の一部もみられる。一四世紀からここに堂と塔があって、地域の人々の信仰を集めていたのだろう。原の町は本来この門前にできた町だったと考えられる。町中央の道は南北に直線的にのび、その北端はちょうど地蔵尊の前で曲がりはじめ、神川に沿って北へ向かう上州道に続く。ここには、まず信仰の場を起点として形成されていた町があった。真田氏は、その町の上に館（御屋敷）を構え、「立道」で接続したのだと考えられよう。

中原の延命地蔵尊と宝篋印塔

⑩広山寺と御北之塚

本原小学校正門横から参道が続く広山寺《こうざんじ》は、かつて「十輪寺《じゅうりんじ》」と号していたと伝えられており、字「十林寺」にあった寺を、真田氏が原に館を構え、この町を整備するさいに移転させ、町並に組み込んだと考えられる。本堂裏の墓地には、戦国時代のものとおもわれる石塔の一部をみることができ、真田氏の時代から、この地にあったことはまちがいない。

墓地に、「御北之塚《おきたのつか》」という石碑がある。刻まれている銘文によれば、寛政七年（一七九五）に建立されたもので、「広山寺は往昔十輪寺と号し、旧真田侯原城に割拠の時に草創するところ也」と、広山寺の成り立ちから説いているが、原へ移転したのは「天正年中」のことだったとあり、城下町の成立時期に関する伝承として見のがせない。塚の由来については、つぎのように刻まれている。かつてここに誰のものかわからなくなった塚があり、村人の言い伝えでは、昔、真田侯の夫人の遺骸を埋

広山寺の御北之塚

広山寺

めたところで、昔から今にいたるまで「御北の塚」と称しているという。かつてこの塚の上には一本の松の巨木があったが、暴風雨で倒れてしまったので、石に塚の由来を刻んで建てたという。この「御北」は、真田信綱の妻だったと考えられる。碑文には信綱の名は見えないものの、『検地帳』には「御北」の記載があり、しかも最高額の所領を有している。前当主夫人、すなわち信綱の妻にふさわしい。後述するように、横尾の信綱寺には信綱の夫人の墓塔もあって、その銘から、夫人は天正八年（一五八〇）に死去したことがわかる。上田移転以前であり、広山寺に夫人の遺体が埋葬された可能性は高い。

⑪下　原

原の町の一帯は、原《はら》之《の》郷《ごう》と称されていたが、元和八年（一六二二）、上原・中原《なかはら》・下原の三ヵ村に分けられた。中原は上原と下原の間に位置しておらず、上原の北方が中原であることに注意したい。『検地帳』に「上原」「下原」は見えるものの、「中原」は見えない。かつての原の町には、中原という地名はなかったのである。しかし、上原の集落は大きく、それを分けて上原の北半分を中原としたため、このような位置関係になった。

『検地帳』によれば、下原にも町屋敷があり、上原ほど明瞭ではないもの、地籍図にも短冊形の地割りが確認できる。下原にも、かつて両側町が形成されていたとみてよいだろう。自性院《じしょういん》と六角堂は、広山寺のように、参道を町中央の道に接続させている。自性院の墓地にも、戦国時代のものとみられる五輪塔の残欠があるから、真田氏の時代から続いている寺院とみてよいだろう。六角堂は、『検地帳』にもみえ、町と同時期に存在していたことが確実な仏閣として貴重である。現在の六角堂は、平面矩形の小堂だが、かつてはここに平面六角形の仏堂がたち、下原の町を往き来する人々を見守っていたのであろう。

六角堂

⑫横尾と信綱寺（上田市真田町大字長字横尾）

本原から四日市《よっかいち》橋で神川を渡ると横尾の集落があり、その西には曲尾の集落を望むことができる。応永七年（一四〇〇）の大塔合戦の様子を伝える『大塔物語』に、「実田」とともにみえる「横尾・曲尾」は、ここを名字の地とする人々だった。古くはこの辺りを放火郷《ほうひごう》とよび、長享二年（一四八八）七月の諏訪社下社春秋之宮造宮之次第（諏訪大社上社文書）「御瑞籬四拾三間之内」に「拾間はうひ之郷　洗馬《せば》・曲尾・横尾　三郷」とみえる。横尾氏は、村上氏に従っていたが、村上氏の勢力が衰退した天文二十年（一五五一）頃には、この地を去ったと伝えられている。その後、武田氏配下の真田氏が、真

横尾の市神

田に復帰すると、この横尾周辺も領有するようになった。松代道・上州道・海野道の分岐点で、交通の要地として、活発な交易も行なわれていた。神川と洗馬川の合流地点近くには「四日市」という、中世の市場に由来する地名も残っている。また、横尾の集落のなかには、町があったことを示す「宿」や「小路」といった地名も残っており、「市神《いちがみ》」の石碑もある。その向かいの「たっちょば（塔頭場）」と称される一画には、中世の五輪塔が大切に祀られている。集落の北の尾根には、横尾氏が構築したとみられる尾引《おびき》城（横尾城）跡がある。

信綱寺

信綱寺の真田信綱墓所

　かつて、この近くの字「梅ノ木」に、横尾氏の菩提寺大柏寺があったという。横尾氏がこの地から姿を消すと、字「打越《うちこし》」に移って大柏山打越寺と称したらしい。天正三年（一五七五）、長篠で真田信綱が戦死すると、家督を継いだ弟昌幸がこの寺を兄の牌所とし、大柏山信綱寺と号するようになって、字「山口」の通称「内小《うちご》屋《や》」に移ったという。天正十年十月には、真田昌幸より信綱寺あての印判状《いんばんじょう》が出されており、信綱寺の寺内と門前の諸役が免じられている。その宛所は「新香寺」と記されており、まだこの頃には寺号が定着していなかったのかもしれない。文禄三年（一五九四）十二月の順京和尚宛の昌幸書状では、「信綱寺」となっている。境内の裏山に、信綱と夫人の墓がある。近年、その隣に弟昌輝の墓が新設された。

⑬砥石城跡と伊勢山の集落

（上田市大字上野字伊勢山）

東太郎山の南東尾根先に築かれた山城。城の北側は神川が流れ、険しい谷となっている。南東側に伊勢山《いせやま》、南西側に金剛寺《こんごうじ》の集落がある。城跡は、最も広い「本城」を中心に、北に「枡形」、南に「戸石の要害（砥石城）」、西南には「米山《こめやま》の要害（米山城）」と称される遺構がある。「米山の要害」は、「戸石の要害」から約三五〇《メートル》西南の一峰上にあって、ここから焼き米が出土するため、「米山城の米」という民話が流布した。「米山の要害」や「戸石の要害」からは、上田平および千曲川を隔てて依田窪・北佐久方面を遠望でき、「本城」や「枡形」からは、烏帽子岳西麓の各集落、上州沼田《ぬまた》道・松代道などが通る真田の渓谷を一望のもとに収める。

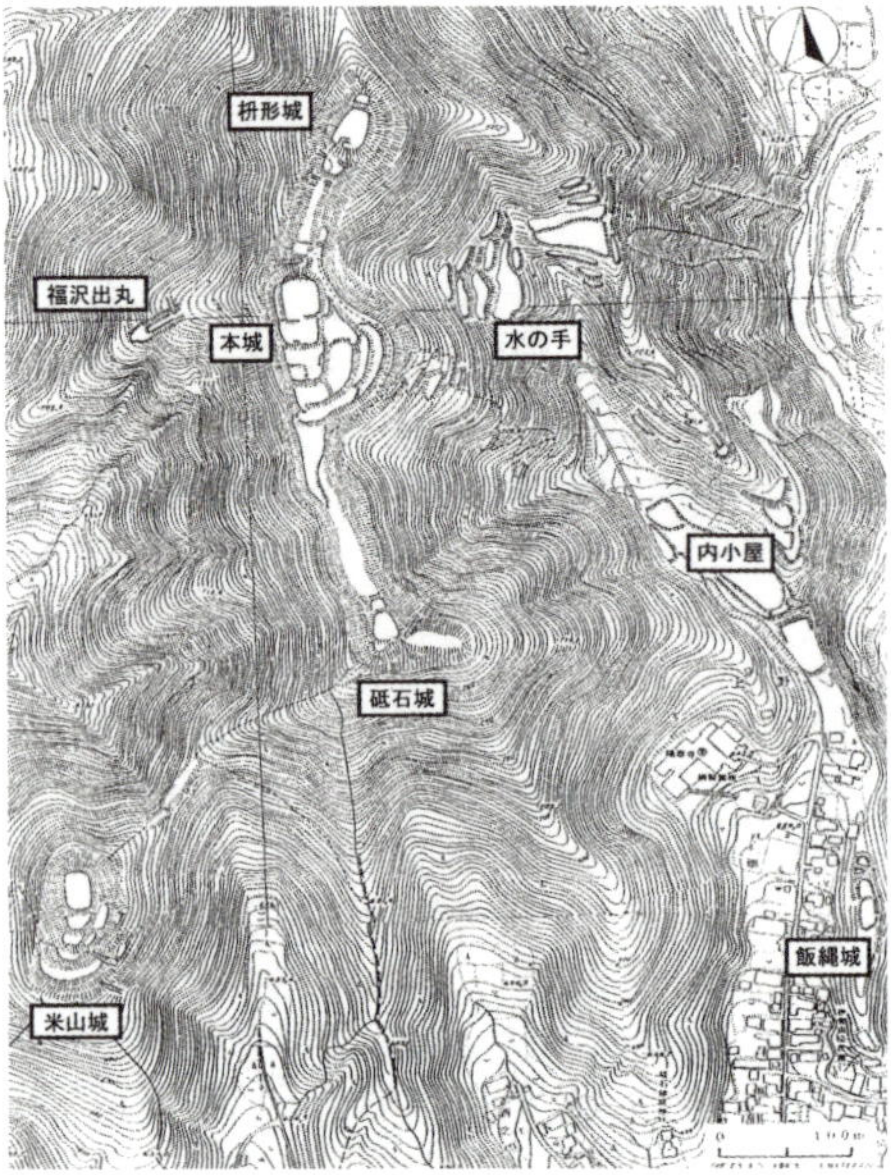

砥石城　縄張図　尾見智志氏作図

伊勢山の陽泰寺

伊勢山の市神宮

天文十年（一五四一）の海野平の戦いで海野氏が敗れると、埴科郡坂木《さかき》を本拠とした村上氏が、小県・佐久地方攻略の要としてこの城を取り立てていた。その後、この地域を狙う武田晴信（信玄）と激戦をくりひろげ、天文十九年九月には、武田軍に大打撃を与えている。信玄の生涯最悪の負け戦として知られる「戸石崩《といしくず》れ」である。しかし翌天文二十年五月、晴信配下の真田氏がこの城を乗っ取った。

砥石城が武田方に乗っ取られてから、真田氏がどのように砥石城とかかわったのか、詳細はわからない。天正十年（一五八二）十月に昌幸が出した文書に、「伊勢山へ参上して、訴訟をしなさい」と記されているものがあるから、この時、昌幸は砥石城を本拠としており、おそらく城下集落の「伊勢山」にいたと考えられる。武田氏が滅亡し、信長もこの世を去った波瀾の年、小県郡と上州の支配領域を守るという困難な道を歩み始めた昌幸は、この小県郡屈指の要害を拠点としたのだろう。

翌年、真田昌幸が上田城を築城したあとも、その詰の城として維持されていたと考えられる。天正十三年の第一次上田合戦では、信幸がここを拠点にして徳川軍に大打撃を与えたらしい。また、慶長五年（一六〇〇）九月に、徳川秀忠が上田城を攻めたさいには、秀忠に属していた信幸が砥石城を接収している。

「本城」から東に下ったところに「小屋ノ入」と「内小屋」という地名が残っている。ここは神川沿いの細い尾根と砥石城跡にはさまれた南北に細長い谷で、谷の入り口には堀跡とみられる遺構もあるから、戦国時代に「小屋」、すなわち城下の屋敷が構えられていたのだろう。昌幸も、この「内小屋」に滞在していたのかもしれないが、館としては狭く、谷の奥に入りすぎているように思われる。山上の「本城」は広大で、居住も可能だった。麓に館を構えていたとすれば、陽泰寺《ようたいじ》の辺りが適地と言えよう。

「内小屋」から陽泰寺門前を通って南へと直進する道の両側には、短冊形の地割が連続していて、町なみの存在を示している。その町なみの南端の四辻から東へ続くのが字「横町」で、南北の主軸に東西の横町が接続していたとみてよいだろう。今も陽泰寺門前から四辻までは側溝をともなった道が続き、陽泰寺に近い道端には「市神宮」と刻まれた石碑がある。江戸時代、この集落の行政区分は「村」で、市が立ったことを示す史料も見あたらないから、この市神は戦国時代に町としてにぎわい、市が開催されていた痕跡とみてよいだろう。

三、上田城とその城下

⑭上田城下町と藩主居館跡（長野県上田市）

千曲川右岸の河岸段丘上につくられた城下町は、現在も上田市の中心市街地となっている。古くから交通の要衝で、天正十一年（一五八三）、徳川家康の支援によって真田昌幸が上田城を築城する以前から、この地にはすでに集落があったらしい。しかし、現在に続く町の基本は、昌幸によって形成されたと考えられる。

まず、城下町の基幹として、原の町（上田市真田町本原）と海野の町（東御市本海野）の住民を移して、原町と海野町をつくった。次に、海野から鍛冶《かじ》や染物業者を移転させ、それぞれ「鍛冶町」「紺屋《こんや》町」などの職人町を設定した。さらに、海野町には「横《よこ》町」、原町には「田《た》町」「柳《やなぎ》町」「木《き》町」をつくり、町並みを連続させた。一般に、この七町を「上田城下町」という。仙石氏時代の絵図によると、木町・連歌《れんが》町・七軒《しちけん》町・丸堀《まるぼり》・葭原《よしはら》・鎌原《かんばら》・西脇《にしわき》・新参《しんざん》町・鷹匠《たかじょう》町・八軒《はちけん》町・馬場《ばば》町・大工《だいく》

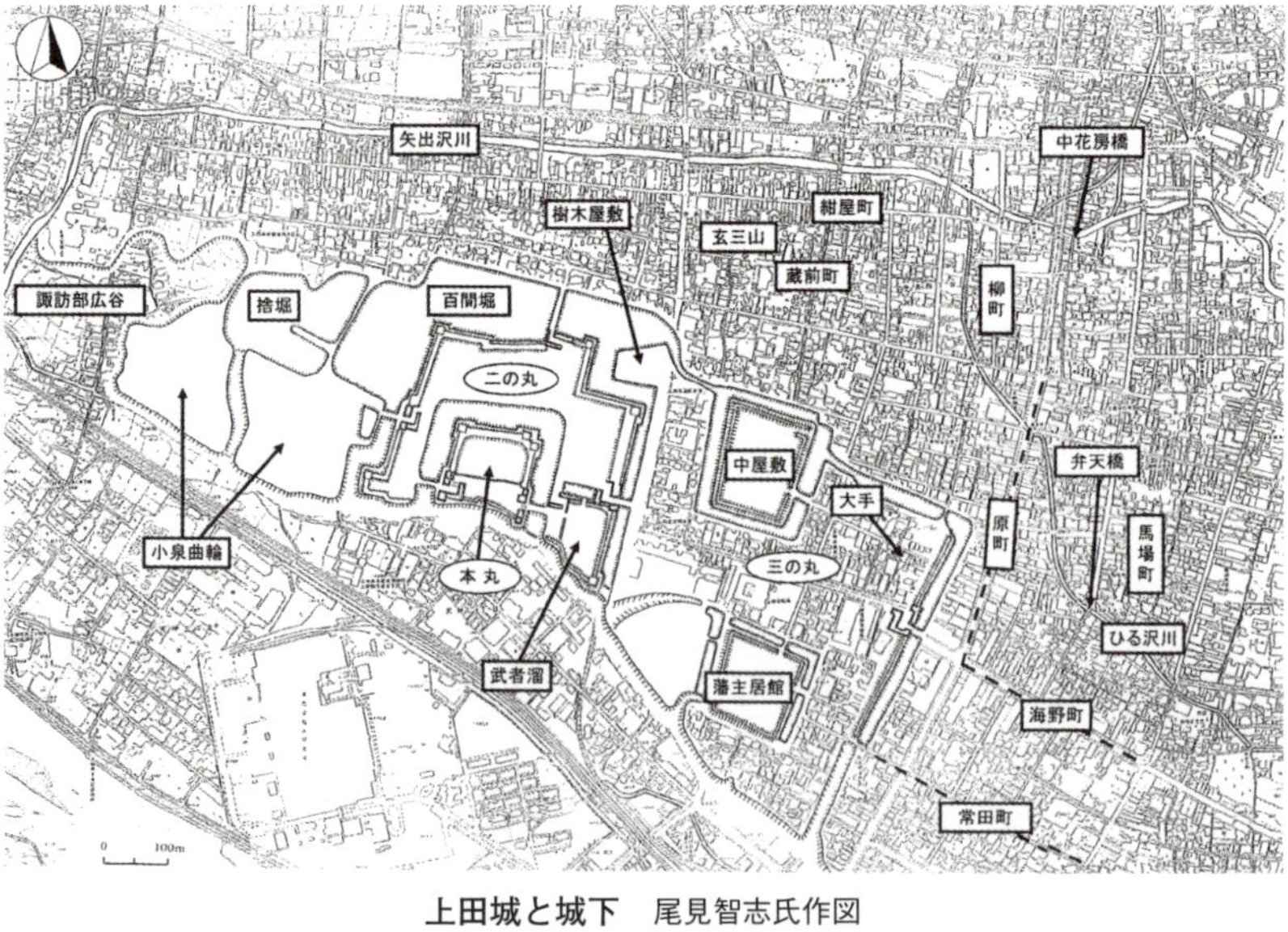

上田城と城下　尾見智志氏作図

町・袋《ふくろ》町などに侍屋敷があった。

寺社も計画的に配置された。砥石城麓の畑山《はたやま》から大輪《だいりん》寺《じ》を城下東北の房山《ぼうやま》村新田に、海野郷の願行寺《がんぎょうじ》・海善《かいぜん》寺《じ》を海野町東端と北の房山村新田に移した。また、日輪《にちりん》寺《じ》・宗吽寺《そううんじ》・月窓寺《げっそうじ》を、東部の横町・鍛冶町に置き、城下の東と北を囲むようにした。東の金昌寺《きんしょうじ》、西の常福《じょうふく》寺《じ》（芳泉寺《ほうせんじ》）などの寺院も、城下町形成当時の構想に基づいて配置されたと考えられる。神社は、真田氏時代に海野郷から八幡宮を城の鬼門にあたる房山村の稲荷社境内に移した（のち紺屋町に移転）。また、市神も海野町・原町に祀られた。

用水は、城の南崖下を流れる千曲川は低くて導水不可能なので、築城時、北の矢出沢《やでさわ》川・蛭沢《ひるさわ》川を大改修して用水とし、南の千曲川とともに城の北と西を囲む惣構え的な役割も狙ったとみられる。城下町の用水には、神川に堀越堰《ほりこしぜき》を築いて水を引いた。

⑮上田城跡（長野県上田市二の丸）

上田城は、二度にわたり徳川の大軍を迎え撃ち、天下にその名を轟かせたが、関ヶ原の合戦後に破却された。その後、上田城主となった真田信幸（信之）は城下町の復興は推進したものの、城域の再興はしなかったとみられる。現在、上田高等学校の敷地となっているのは、信之が居館を構えたところで、以後も本丸・二ノ丸に御殿は造営されず、ここが歴代藩主の居館として利用された。表門とその両脇に続く土塀、水濠が往時をしのばせる。

現在の上田城跡は、元和八年（一六二二）、信之が松代へ移封となり、小諸から上田に入った仙石氏により再興されたものである。仙石氏三代八五年間、さらに宝永三年（一七〇六）、仙石氏にかわって松平氏が上田城主となって幕末維新を迎え、廃城となる。明治八年（一八七五）に本丸・二の丸が払い下げられると、本丸にあった櫓門二棟、櫓七棟のうち、残ったのは西櫓一棟のみとなってしまったが、明治十二年、本丸内に松平神社（現在の真田神社）をつくり、境内以外の地も公園として保存することになる。その後、櫓二棟を移築・復元、さらに櫓門一棟が復元された。今後さらに櫓を復原する計画もあるが、いずれにしても、現在見ることができるのは江戸時代後期の建物の姿であって、真田氏時代のものではないことに注意が必要であろう。

真田氏時代の上田城を体感するためには、こうした仙石氏以降に改変された姿を見るだけでなく、わずかに残る真田氏時代の痕跡に目を凝らして歩く必要がある。まずは、二の丸跡の上田市立博物館で、真田氏に関する文化財をチェックしたい。なかでも、往時の上田城の姿を考える上で重要な史料となる、金箔瓦は見のがせない。

金箔瓦の出土地点などを確認したら、現地を歩きたい。仙石氏入部時、真田氏時代の本丸から三の丸までの堀を埋め、以前の二の丸までを本丸、三の丸は二の丸、外曲輪は三の丸としたという説もあるが、本書Ⅱ章でみたように、昌幸の上田城は小さくなかった。仙石氏が再建した上田城は、三の丸はおろか、二の丸にも櫓や櫓門などの建築がなく、城郭建築が造営されていたのは本丸だけだった。ところが、二の丸には七つの櫓台状の遺構がある。それらを一巡して、真田氏時代の上田城の大きさを実感してほしい。とくに重要な場所は、北西隅の櫓台下、現在は上田市営野球場の一塁側（東側）スタンドに使われている土居北端付近であろう。ここからは、昭和初年に金箔鬼瓦や金箔鳥衾瓦が出土した。昌幸の時代には、二の丸の隅に金箔の瓦を葺いた櫓があったことを想像しながら歩きたい。

二の丸北虎口石垣

本丸西虎口の石垣

石垣にも注意したい。仙石氏は再建時に石垣も積み直しており、緑色凝灰岩を用いた本丸の櫓台や虎口は、仙石氏によっ

て積み直されていることがあきらかなのだが、城内に何ヵ所か真田氏時代の石垣の痕跡とみられるところがある。たとえば、二の丸北虎口北側の石垣は古風な野面積みで、真田氏時代に積まれていたものを、仙石氏が再利用したのだと考えられる。自然石に近い石を積んだ、豪放な石垣の表情を楽しみたい。

新旧石垣の比較をしたい場合は、本丸西虎口付近がおすすめである。西虎口および西櫓の櫓台は整然とした切《きり》石《いし》積《づ》みで、仙石氏以降に整備されたことがあきらかである。しかし、同虎口を出て、土橋の下に降りて、土橋南側に積まれている石垣を見れば、安山岩を用いた素朴な野面積みであることに気付く。先ほどみた切石積みとの差は歴然で、真田氏時代に積まれたものだと考えられる。

さらに、現在上田城跡公園体育館（市民体育館）のある小泉曲輪も歩きたい。二の丸との間には、比較的規模の大きな堀跡が、途中で屈折しながら南へ続いており、真田氏時代に多用されていたと考えられる空堀を彷彿とさせる。小泉曲輪は体育館の西までひろがっていたので、その広さを体感しながら、西の空堀跡まで足をのばしたい。現在は金属加工会社（アート金属工業）の敷地となっているが、そこが段丘を大きく抉った堀跡である。本書Ⅱ章で述べたとおり、「捨曲輪」だったと言われ、確かに仙石氏以降は建物も見られなかった小泉曲輪だが、昌幸の時代にはこの付近にも瓦葺きの櫓があった可能性が高い。

⑯芳泉寺（長野県上田市常磐城三丁目）

上田城の西に配置された寺院のひとつが芳泉寺である。昌幸は上田築城にさいして、千曲川の南、下之条《しものじょう》にあった庵をここに移し、常福寺とした。信之は正室小松姫が逝去した時、遺骨をここに納め、墓を造立している。のち、松代に移ったさい、信之は小松姫の菩提を弔うため松代に大英寺を建てるが、常福寺の墓はそのまま守られた。真田氏の後に入った仙石忠政は、小諸から自分たちの菩提寺であった宝仙寺《ほうせんじ》をここに移して、芳泉寺と改め、以後、仙石氏の菩提寺とした。境内には仙石氏初代秀久、その子忠政および忠政の長子政俊《まさとし》の墓がならびたっている。上田城の北を東から西へ向かって流れてきた矢出沢川は、ここ常磐城《ときわぎ》三丁目で南に向きをかえて段丘を下っていく。

⑰大輪寺（上田市中央北一丁目）

原町を北上すると、かつての房山村新田で、東に大輪寺、西に海禅寺・呈蓮寺《ていれんじ》、その先に八幡社と、神社仏閣がならんでいる。上田城の北東にあたり、いずれも築城時に計画的に配置された。

大輪寺

大輪寺は、もとは砥石城の麓の伊勢山村のうち畑山《はたやま》（上田市大字上野字畑山）にあったが、武田・村上両氏の戦いで兵火にかかって焼失し、慶長の頃、真田昌幸が現在の地に再建したという。寺伝によると、昌幸夫人寒松院《かんしょういん》の開基と伝える。元和五年（一六一九）、真田信之は大輪寺に三一貫五〇〇文の寺領を寄進している。領内では真田の白山寺（山家神社）の四五貫七〇〇文についで多くの寺領を有しており、信之が母ゆかりの寺を篤く崇敬していたことを示している。元和八年に松代へ移ったさい、信之は、当寺の住持を招き、松代に寒松院の牌所として寒松山大林寺を建立した。

大輪寺の寒松院墓

⑱海禅寺（上田市中央北二丁目）

海禅寺は、開善寺とも記された。もとは小県郡海野郷海善寺村（東御市大字海善寺）にあって、海野氏の本拠の鬼門を守っていたが、真田昌幸が上田城を築城するさい、この地に移し、やはり城の鬼門除けにしたと伝える。

慶長六年（一六〇一）八月、真田信之は「開善寺」に「前々の如く本寺領弐拾四貫文」を寄進している。領内では白山寺・大輪寺についで多い。元和八年（一六二二）、一説には寛永元年（一六二四）、信之は氏神としていた白鳥神社を海野（東御市大字本海野）から松代に移すにあたり、この海禅寺も松代に移設して開善寺とし、同社の別当寺にした。

海禅寺

⑲願行寺（上田市中央二丁目）

真田昌幸が、小県郡海野郷から、上田城に近い御厩《おんまや》裏付近に移したが、元和七年（一六二一）に焼失し、横町に再度建立された。上田城東側の防備も考えての配置だろう。元和八年、信之は移封にさいし、松代にも願行寺を建立している。その後、上田の願行寺は藩主松平氏の菩提寺となり、歴代藩主の墓が造営された。

大正十四年（一九二五）、新しい道路が境内をよこぎることとなり、江戸初期の建立で桃山様式の見事な彫刻をもつ大《だい》門《もん》（四脚門、上田市指定文化財）は、道路に面した現在の場所に移転した。この門は、現在の大門町の名の起源でもある。

願行寺

⑳科野大宮社（上田市常田二丁目）

科野大宮社

信濃国造《くにのみやつこ》が創建したという説もある古社で、「総社大宮」または「科野《しなの》国魂神《くにたまのかみ》」と称されたこともある。信濃国府や国分寺との関係も考えられるが、未詳。中世には、「大宮諏訪大明神」と称したが、諏訪明神はこの社の北方およそ五町、小字「井戸尻《いどじり》」に祀られていたものを、のちこの社に移し、両社名を複称したものと伝えられている。天正十一年（一五八三）、真田昌幸が上田城を本拠とすると、上田城の鎮守として崇敬をうけるようになった。境内社である六所《ろくしょ》明神と駒形稲荷《こまがたいなり》社の両社は、「往古上田旧城地」にあったものを、天正年間、築城のさい、この境内に移したとの社伝がある。その「旧城地」については、上田築城以前の本拠であった真田の地であった可能性が高い。歴代上田城主の信仰は篤く、信濃国分寺三重塔とこの科野大宮社だけは、破損時の修理費用を藩費から支出されていた。現在の社殿は、万延元年（一八六〇）に上田城主松平忠《ただ》礼《なり》が再建したものである。明治維新のさい、社号を科野《しなの》大宮社《おおみやしゃ》と定めた。

㉑信濃国分寺（長野県上田市国分一〇四九）

天正十三年（一五八五）の第一次上田合戦の最中、閏八月十三日付の書状で真田信幸は上州沼田を守っている恩田氏ら家臣に、「遠州勢が攻めてきたので去る二日、国分寺で一戦を遂げ、千三百余人を討ちとった」と戦果を知らせている。国分寺付近で激戦がくりひろげられたらしい。国分寺は千曲川の北岸で、神川が千曲川に合流する地点の西側に位置し、軍記諸書が神川で多数の徳川方将兵が命を落としたと書いていることと一致する。

信濃国分寺跡は、全国に先がけて一九六三年から一九七一年まで大規模な発掘調査が行なわれ、僧寺跡と尼寺跡の全容が明らかになっているが、現在の国分寺は国指定史跡となっている信濃国分寺跡の僧寺跡北方およそ二〇〇メートルの一段高い台地にある。奈良時代に建立された信濃国分寺・国分尼寺《にじ》は、鎌倉時代以降に現在の場所へ移転・再建された。境内には、中世の石塔が多数見られ、三重塔は様式の特徴から室町時代中期の建立と推定されている。真田昌幸や信幸も、この塔を見上げたに違いない。塔外部の意匠は和様、内部は禅宗様の折衷様式で、高さ約二〇メートル。現存する国分寺の塔としては最古のもので、国の重要文化財に指定されている。

本堂は薬師堂《やくしどう》または八日堂《ようかどう》とよばれる。国分寺は、毎月八日に金光明経《こんこうみょうきょう》を転読し、安穏を祈る寺で、とくに一月八日は、上田城下最大の縁日であった。護摩修法《ごましゅほう》を受けるため参詣する者が多く、七日の夜から八日にかけて、境内・沿道には露店が並び、蘇民将来《そみんしょうらい》の護木《ごぼく》をはじめ、福達磨《ふくだるま》・福飴その他さまざまな品物を売る八日堂市がにぎわう。

寺宝に、文明十二年（一四八〇）霜月八日の奥書のある牛頭天王之祭文《ごずてんのうのさいもん》がある。この祭文には、今も八日堂縁日で頒布している蘇民将来の縁起が記されている。蘇民将来の護木は、六角錐形で高さ一センチから二五センチほどのものまであって、室町時代以降作られていると伝えられ、民俗資料としてもよく知られている。元和（一六一五〜二四）頃のものと推定される「八日堂縁日図」には、多数の人物と蘇民将来をはじめ、日用品

信濃国分寺

などさまざまな物が売られていた江戸初期の国分寺縁日の様子が描かれており、興味深い。信濃国分寺跡史跡公園内の信濃国分寺資料館では、発掘調査で出土した遺物はもちろん、中世以降の国分寺と蘇民将来に関する資料も展示している。

【参考文献】

＊関連する文献は多数あるが、本書で参照・引用したもの、現在比較的入手しやすいものにしぼって掲出した。
＊シリーズの統一性および紙幅の都合により、本文では出典を明記しなかったところがある。先学各位にご寛恕を請う。
＊丸島和洋編『論集　戦国大名と国衆一三　信濃真田氏』（岩田書院、二〇一四年）に再録された論考については「→論集13」、同編『論集　戦国大名と国衆一四　真田氏一門と家臣』（岩田書院、二〇一四年）に再録された論考については「→論集14」と註記した。

上田市教育委員会『上田城史料調査報告書（上田市文化財調査報告書第一一五集）』、二〇一三年
上田市誌刊行会『上田市誌　歴史編（6）真田氏と上田城』、二〇〇二年
上田市立博物館『真田氏資料集』、一九八三年
上田市立博物館『秀吉と真田　抄録版』、二〇一一年
NHK・同プロモーション編『大河ドラマ特別展「真田丸」』NHK・同プロモーション、二〇一六年
大阪文化財研究所・大阪歴史博物館『大阪上町台地の総合的研究』大阪歴史博物館、二〇一四年
笠谷和比古『関ヶ原合戦と大坂の陣（戦争の日本史17）』吉川弘文館、二〇〇七年
笠谷和比古・黒田慶一『豊臣大坂城』新潮選書、新潮社、二〇一五年
唐澤定市「真田氏の吾妻郡攻略をめぐって」『信濃』三二―六、一九八〇年　→丸島13
北垣聰一郎「豊臣時代大坂城「本丸図」と「真田丸」について」岡本良一編『大坂城の諸研究』名著出版、一九八二年
栗原　修『戦国期上杉・武田氏の上野支配』岩田書院、二〇一〇年
黒田基樹『小田原合戦と北条氏（敗者の日本史10）』吉川弘文館、二〇一三年
黒田基樹『真田昌幸―徳川、北条、上杉、羽柴と渡り合い大名にのぼりつめた戦略の全貌―』小学館、二〇一五年
黒田基樹『「豊臣大名」真田一族―真説　関ヶ原合戦への道―』洋泉社、二〇一六年
黒田基樹『真田信之―真田家を継いだ男の半生―』KADOKAWA（角川選書）、二〇一六年
小林計一郎『真田幸村』新人物往来社、一九七九年　→　復刻版、文藝春秋（文春学藝ライブラリー）、二〇一五年
小林計一郎『真田三代軍記』新人物往来社、一九八六年
小林計一郎編『真田幸村のすべて』新人物往来社、一九八九年　→　復刻増補版、KADOKAWA、二〇一五年
小林計一郎編『真田昌幸のすべて』新人物往来社、一九九九年

齋藤慎一「上野国岩櫃城の空間構成と変遷」『中世東国の領域と城館』吉川弘文館、二〇〇二年
坂井尚登「真田丸を復元する」歴史群像編集部編『真田戦記』学研、二〇一五年
桜井松夫「真田氏の貫高制―石高制に移行しなかった理由は何か―」『千曲』一〇九号、二〇〇一年
笹本正治『真田氏三代―真田は日本一の兵―』ミネルヴァ書房、二〇〇九年
真田町教育委員会『真田氏城跡群―その歴史と調査の概要―（真田町文化財調査報告書）』、一九八二年
真田町教育委員会『真田氏給人知行地検地帳（真田町誌調査報告書第2集）』、一九九八年
真田町教育委員会『真田町の遺跡―遺跡詳細分布調査報告書―（真田町埋蔵文化財発掘調査報告書第12集）』、二〇〇〇年
真田町誌刊行会『真田町誌』歴史編（上・下）、一九九八・一九九九年
信濃史料刊行会編『信濃史料』補遺巻上下、一九五七―一九六九年
信濃史料刊行会編『新編信濃史料叢書』4・5・8・18、一九七一―一九七八年
柴辻俊六『真田昌幸』吉川弘文館、一九九六年
柴辻俊六『真田幸綱・昌幸・信幸・信繁―戦国を生き抜いた真田氏三代の歴史―』岩田書院、二〇一五年
柴辻俊六・平山優・黒田基樹・丸島和洋・柴裕之・鈴木将典編『武田氏家臣団人名辞典』東京堂出版、二〇一五年
千田嘉博『真田信繁「勝利」への条件』三笠書房、二〇一五年
曽根勇二『大坂の陣と豊臣秀頼（敗者の日本史13）』吉川弘文館、二〇一三年
竹井英文『織豊政権と東国社会―「惣無事令」論を越えて―』吉川弘文館、二〇一二年
寺島隆史「真田幸隆の実名・法名をめぐって」『信濃』六〇―二、二〇〇八年
寺島隆史「上田築城の開始をめぐる真田・徳川・上杉の動静」『信濃』六〇―一二、二〇〇八年　↓　論集13
寺島隆史「第一次上田合戦前後における真田昌幸の動静の再考」『信濃』六二―五、二〇一〇年　↓　論集13
寺島隆史「第一次上田合戦の再考」『千曲』一四五号、二〇一〇年　↓　論集13
寺島隆史「武田氏滅亡後の室賀氏の動静と真田昌幸」『信濃』六四―一一、二〇一二年
寺島隆史「海野衆真田右馬助の系統と真田氏」『信濃』六六―二、二〇一四年
寺島隆史「真田信繁（幸村）の証人時代再考」『信濃』六七―五、二〇一五年
中澤克昭「真田氏の本拠を訪ねて」『信濃』四六―一一、一九九四年　↓　論集13
長野市立博物館『山村に生きた武将たち―東の真田、西の大日方―』長野市立博物館、二〇一三年
原田和彦「真田幸村とは」『六連銭』二四、二〇〇八年　↓　論集14

平山　優『真田三代―幸綱・昌幸・信繁の史実に迫る―』ＰＨＰ研究所、二〇一一年
平山　優『武山遺領をめぐる動乱と秀吉の野望―天正壬午の乱から小田原合戦まで―』戎光祥出版、二〇一一年
平山　優『長篠合戦と武田勝頼（敗者の日本史9）』吉川弘文館、二〇一四年
平山　優『検証　長篠合戦』吉川弘文館（歴史文化ライブラリー）、二〇一四年
平山　優『増補改定版　天正壬午の乱―本能寺の変と東国戦国史―』戎光祥出版、二〇一五年
平山　優『大いなる謎真田一族―最新研究でわかった100の真実―』ＰＨＰ研究所（ＰＨＰ文庫）、二〇一五年
平山　優『真田信繁―幸村と呼ばれた男の真実―』ＫＡＤＯＫＡＷＡ（角川選書）、二〇一五年
福田千鶴『淀殿』ミネルヴァ書房、二〇〇七年
福田千鶴『豊臣秀頼』吉川弘文館、二〇一四年
藤木久志『豊臣平和令と戦国社会』東京大学出版会、一九八五年
松下　愛「松代藩初代藩主「真田信之画像」」『松代―真田の歴史と文化―』第一八号、松代文化施設等管理事務所、二〇〇五年
松代文化施設等管理事務所『真田三代―近世大名への道―』、二〇〇二年
松代文化施設等管理事務所『真田宝物館収蔵品目録　長野県宝　真田家文書』（1）〜（4）、二〇〇四―二〇〇七年
松代文化施設等管理事務所『真田宝物館収蔵品目録　精選　絵図集成』、二〇〇九年
丸島和洋「高野山蓮華定院『真田御一家過去帳』（上・下）」『信濃』六四―一〇・一二、二〇一二年
丸島和洋「信濃真田氏の系譜と政治的動向」同編『論集　戦国大名と国衆13　信濃真田氏』岩田書院、二〇一四年
丸島和洋「真田氏家臣団の基礎的研究」同編『論集　戦国大名と国衆14　真田氏一門と家臣』岩田書院、二〇一四年
丸島和洋「真田弁丸の天正一〇年」『武田氏研究』第五二号、二〇一五年
丸島和洋『図説　真田一族』戎光祥出版、二〇一五年
丸島和洋『真田四代と信繁』平凡社新書、二〇一五年
宮島義和『戦国領主真田氏と在地世界』六一書房、二〇一三年
山中さゆり「大平喜間多の著作とその活動」『松代―真田の歴史と文化―』第一九号、松代文化施設等管理事務所、二〇〇六年
渡邉大門『大坂落城　戦国終焉の舞台』角川学芸出版（角川選書）、二〇一二年
和根崎剛「「山家の真田氏館跡推定地」出土の古銭について」『千曲』第九七号、一九九八年
和根崎剛編（笹本正治監修）『資料で読み解く　真田一族』郷土出版社、二〇一六年

真田氏三代略年表

和暦	西暦	主な事跡
永正一〇	一五一三	真田幸綱生れる。
天文　六	一五三七	幸綱長男（のちの信綱）生れる。
天文一〇	一五四一	五月、海野氏、武田・村上・諏方連合軍に大敗（海野平の合戦）。幸綱は上州箕輪に亡命。
天文一四頃	一五四五頃	幸綱、甲斐の武田晴信に従う。
天文一六	一五四七	幸綱三男（のちの昌幸）生れる。
天文一九	一五五〇	一〇月、武田晴信、村上方の砥石城を攻めて大敗（砥石崩れ）。
天文二〇	一五五一	九月、幸綱、砥石城を乗っ取る。
天文二一	一五五二	幸綱の子（のちの昌幸）、甲府に人質として出仕。
弘治　二	一五五六	幸綱、小山田虎満らとともに、川中島を見おろす東条尼飾城を攻略。のち在城。
永禄　四	一五六一	九月、第四次川中島合戦。幸綱・信綱も従軍。昌幸初陣と伝わる。
永禄　五	一五六二	五月、幸綱、上州吾妻郡の国衆鎌原氏への援軍派遣を命じられる。六月、幸綱・信綱父子が四阿山奥宮を修造する。
永禄　七	一五六四	この年末から翌年初め頃、幸綱、出家し一徳斎幸隆と号する。
永禄　八	一五六五	真田氏、吾妻郡岩櫃城将となる。昌幸長女（のちの村松殿）生れる。
永禄　九	一五六六	昌幸長男（のちの信幸）生れる。
永禄一〇	一五六七	三月、幸綱、上州白井城を攻略。この頃、幸綱が隠居し信綱が家督を嗣ぐ。
元亀元頃	一五七〇頃	昌幸次男（のちの信繁）生れる（生年に異説あり）。
天正　二	一五七四	五月、幸綱（一徳斎幸隆）死去。
天正　三	一五七五	五月、長篠合戦。信綱・昌輝兄弟が討ち死に。弟の昌幸が家督を嗣ぐ。
天正　七	一五七九	一二月、武田勝頼嫡男信勝元服。同時に昌幸長男も元服、「信幸」と名のる。
天正　八	一五八〇	二月、真田信綱室於北没する。三月、昌幸、上州小川城を攻略し、五月、猿ヶ京城を攻略。八月には沼田城を攻略。
天正　九	一五八一	一月、新府城の普請開始。昌幸も従事。六月、勝頼、昌幸に上州利根・吾妻郡の統治について指図。

天正一〇	一五八二	一月、木曾義昌が離叛し、織田軍の武田領国への侵攻が始まる。三月、勝頼、小山田信茂らに裏切られ、自害（武田家滅亡）。昌幸のもとに北条氏邦から書状が届く。昌幸、織田信長に降伏。岩櫃・沼田を滝川一益に渡す。昌幸生母河原氏と次男（信繁）、一益の人質となる。六月、本能寺の変。上杉・北条・徳川による旧武田両争奪戦（天正壬午の乱）始まる。一益、神流川の戦いで北条氏直に大敗。人質を木曽義昌に引き渡し、伊勢に撤退。昌幸、上杉景勝に従属。七月、昌幸、北条氏直に従属。海津城代春日信達を調略するが失敗。昌幸の弟加津野昌春（真田信尹）が出奔。九月、昌幸、徳川家康に従属。一〇月、家康と氏直の和睦成立。上野は北条領と定められるが、昌幸は吾妻・利根両郡の引き渡しを拒絶（いわゆる「沼田領問題」の始まり）。
天正一一	一五八三	二月、昌幸生母河原氏、家康の人質となる。四月、北条氏邦、沼田・吾妻の真田領を攻撃。昌幸、家康の支援により上田城の築城を開始。その後、昌幸が在城。六月、徳川・北条両氏の軍事同盟強化。北条氏政は家康に沼田領の引き渡しを求める。七月、矢沢頼綱、沼田城を受け取りに来た北条氏邦の使者を切り捨て、上杉景勝に従属。
天正一二	一五八四	三月、小牧・長久手の戦い。織田政権崩壊。四月上杉景勝に従属していた屋代秀正・室賀満俊が徳川家康のもとに出奔。七月、室賀正武、家康の意をうけて昌幸を暗殺しようと試み、返り討ちに遭う。昌幸、小県郡をほぼ制圧。
天正一三	一五八五	六月、昌幸、徳川氏から離叛して上杉景勝に従属。七月、羽柴秀吉、関白になる。景勝、昌幸に小県・吾妻・利根三郡を安堵。昌幸次男（信繁）が人質として春日山城に赴く。閏八月、第一次上田合戦。昌幸・信幸父子、徳川勢を撃退。九月、北条氏邦、沼田城を攻撃するが矢沢頼綱に撃退される。一〇月、昌幸、秀吉から支援の約束を得る。一一月、徳川家康の重臣石川数正が秀吉のもとに出奔。これにより家康は信濃から軍勢を撤退させる。一二月、天正大地震。この頃、昌幸は佐久郡攻略を準備。
天正一四	一五八六	五月、北条氏邦、沼田・岩櫃を攻撃するが矢沢頼綱に撃退される。六月、上杉景勝が上洛。八月、秀吉、徳川家康による真田討伐を容認し、その後秀吉みずから真田討伐に出陣すると表明。九月、羽柴秀吉、豊臣姓を賜る。一〇月、徳川家康が上洛し、秀吉に服属。一一月、上杉景勝の嘆願により、秀吉が真田昌幸を赦免。
天正一五	一五八七	三月、昌幸、上洛して秀吉に臣従。秀吉、真田氏を徳川家康の与力大名とする。この後、信

和暦	西暦	主な事跡
天正一六	一五八八	幸、家康の重臣本多忠勝の娘を妻とする。
天正一七	一五八九	七月、秀吉、関東・奥羽国分けの上使を派遣。「沼田領問題」裁定に乗り出す。七月、秀吉の裁定により、沼田城が北条氏直に引き渡される。九月、秀吉、諸大名に妻子の在京を命じる。一一月、北条家臣猪俣邦憲、真田領名胡桃を攻略（名胡桃城事件）。秀吉、北条氏直の非を弾劾、出兵決定（小田原合戦開始）。
天正一八	一五九〇	三月、昌幸・信幸、北国勢（東山道軍）に加わり、上野に出陣。七月、北条氏直、降伏し、小田原開城。徳川家康、関東へ転封。沼田領が信幸に返還される。
天正一九	一五九一	この頃、真田信尹が徳川家を出奔、会津の蒲生氏郷に仕える。朝鮮出兵（文禄の役）の動員令が出され、昌幸・信幸、肥前名護屋在陣を命じられる。信繁も秀吉の馬廻として参陣。
文禄二	一五九三	八月、豊臣秀吉嫡男（秀頼）生れる。
文禄三	一五九四	三月、伏見城の普請が始まり、真田家も動員される。四月、昌幸、従五位下に叙される。一〇月、信幸が従五位下・伊豆守、信繁が従五位下・左衛門佐に任じられる。
文禄四	一五九五	七月、関白豊臣秀次が高野山で自害。この年、信幸嫡男（のちの信吉）生れる。
慶長二	一五九七	二月、慶長の役始まる。五月、矢沢頼綱没する。一一月、信幸次男（のちの信政）生れる。
慶長三	一五九八	八月、豊臣秀吉死去。
慶長五	一六〇〇	六月、徳川家康、会津の上杉景勝討伐に出陣。七月、石田三成が大谷吉継を誘って挙兵。毛利輝元が大坂城に入り、家康の弾劾状が出される。真田家は昌幸・信繁が石田三成方（西軍）、信幸は徳川家康方（東軍）につく。九月、第二次上田合戦。徳川秀忠軍は上田城を攻略せず、西へ向かう。関ヶ原で西軍が敗れ、信繁の岳父大谷吉継は討死。一二月、昌幸・信繁父子、上田城を徳川方に明け渡し、高野山に配流。その後、山麓の九度山に移る。信幸、上田（小県郡）を与えられる。
慶長六	一六〇一	信幸、信之に改名。
慶長七	一六〇二	この頃、九度山にて信繁嫡男大助生れる（異説あり）。真田信尹、徳川家に帰参し、甲斐で所領を与えられる。
慶長八	一六〇三	二月、徳川家康、征夷大将軍となる（江戸幕府の始まり）。
慶長一〇	一六〇五	四月、徳川秀忠が征夷大将軍となる。

慶長一五	一六一〇	一〇月、信之の岳父本多忠勝死去。
慶長一六	一六一一	六月、昌幸、九度山で死去（享年六五）。
慶長一八	一六一三	六月、昌幸正室山之手殿、死去。
慶長一九	一六一四	一〇月、信繁、九度山を脱出し、大坂城に入る。惣構南東部に出丸（真田丸）を築いて守備。一一月、大坂冬の陣始まる。一二月、真田丸の攻防。徳川方（前田勢など）は多数の死傷者をだし、撤退。徳川方、信繁を寝返らせるための調略を始める。講和が成立し、大坂冬の陣終わる。真田丸はじめ、大坂城の二の丸・三の丸・惣構が破却される。
元和元	一六一五	一月、信繁、姉村松殿に書状。二月、信繁、娘婿石合十蔵道定に書状で長女の将来を依頼。三月、信繁、姉婿小山田茂誠に書状（現在知られている最後の書状）。四月、大坂夏の陣始まる。五月六日、道明寺の戦い。翌七日、信繁、天王寺口で家康本陣を攻撃するが、越前藩士西尾仁左衛門に討ち取られる（享年四六?）。同日、豊臣秀頼・淀殿が自害し、豊臣家滅亡。近侍していた信繁嫡男大助も自害（享年一四?）。
元和二	一六一六	四月、徳川家康死去。
元和五	一六一九	九月、信之室清音院殿（信綱の娘）死去。
元和六	一六二〇	二月、信之正室小松殿死去（享年四八）。
元和八	一六二二	一〇月、信之、上田から松代十万石へ加増転封。沼田三万石の城主は嫡男信吉。
元和九	一六二三	八月、家老の出浦昌相死去。
寛永三	一六二六	三月、家老の矢沢頼幸死去（享年七六）。
寛永七	一六三〇	この頃、四十八騎浪人事件（家臣出奔）。六月、昌幸長女村松殿死去（享年六六）。
寛永九	一六三二	五月、昌幸の弟真田信尹死去（享年八六）。
寛永一一	一六三四	七月、家老の河原綱家死去。一一月、信之嫡男信吉（沼田藩主）死去（享年四〇）。嫡男熊之助が跡を嗣ぐ。
寛永一四	一六三七	八月、信之義兄小山田茂誠死去。
寛永一五	一六三八	一一月、信吉嫡男熊之助死去（享年七）。沼田藩主は信之の次男信政が嗣ぐ。
明暦二	一六五六	信之、隠居し、松代藩主は次男信政が嗣ぎ、信吉の次男信直が沼田藩主となる。
万治元	一六五八	二月、信政死去（享年六二）。六男幸道（二歳）が嗣ぐ。一〇月、信之死去（享年九三）。

著者略歴
一九六六年、長野県に生まれる
一九九五年、青山学院大学大学院文学研究科博士後期課程退学
一九九九年、博士（歴史学）
長野工業高等専門学校准教授などを経て
現在、上智大学文学部准教授

〔主要編著書〕
『中世の武力と城郭』（吉川弘文館、一九九九年）
『人と動物の日本史2　歴史のなかの動物たち』（編著、吉川弘文館、二〇〇九年）

人をあるく

人をあるく
真田氏三代と信濃・大坂の合戦
二〇一六年（平成二十八）十二月一日　第一刷発行

著者　中澤《なかざわ》克昭《かつあき》
発行者　吉川道郎
発行所　株式会社 吉川弘文館
郵便番号一一三―〇〇三三
東京都文京区本郷七丁目二番八号
電話〇三―三八一三―九一五一〈代表〉
振替口座〇〇一〇〇―五―二四四
組版　藤原印刷株式会社
印刷　藤原印刷株式会社
製本　ナショナル製本協同組合
装幀　有限会社ハッシィ

ISBN978-4-642-06794-2